居心地のいい家を つくる注目の設計士 & 建築家 100 人の仕事

100
Notable
Designers
and
Architects:
Designing
a
Cozy
Home

PIE

Designing a Cozy Home The Work of 100 Notable Designers and Architects

©2021 PIE International
All rights reserved. No part of this publication may be reproduced, stored in a retrieval
system, or transmitted in any form or by any means, graphic, electronic or mechanical,
including photocopying and recording, or otherwise, without prior permission in writing
from the publisher.

PIE International Inc.
2-32-4 Minami-Otsuka, Toshima-ku, Tokyo 170-0005 JAPAN
international@pie.co.jp
www.pie.co.jp/english

ISBN978-4-7562-5456-6

Editorial Notes エディトリアルノート

A 事務所名／代表者名

B プロフィール

C ポートレイト・ロゴマーク

D 住所・Tel・Fax・E-mail・URL
　掲載希望の情報のみを記載しています。

E 主に手がけている仕事に
　チェックを入れています。

F 作品名　所在地　敷地面積／延床面積

G 制作スタッフ

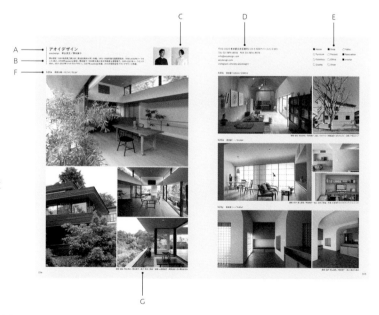

＊作品提供者の意向により、データの一部を記載していない場合があります。
＊各企業に付随する、株式会社および有限会社は表記を省略させていただきました。

はじめに

「おうち時間」や「ステイホーム」という言葉をよく聞くようになった2020年。考えられないぐらいの時間を家で過ごし、改めて快適な家について考えた人も多いのではないでしょうか？　食事だけではなく仕事場としても使うことになったダイニング。いつもより長く家族で過ごすリビング。気分転換に眺める外の風景。一つひとつの場所が、自分の好み通りだったら、ステイホームも嬉しくなるはずです。

本書では、住む人それぞれの個性や好みに合わせた、夢のような家を実現してくれる100名の建築家を紹介しています。家づくりは一生に一度できるかどうかの一大イベントです。ほとんどの人が初めての体験であり、何がいいのかわからないことだらけです。ぼんやりと描く理想の住まいを、具体的な形にしてくれる建築家との出会い。そんな素敵な出会いが、この本で起きたら嬉しい限りです。

最後になりましたが、ご多忙の中掲載のご協力を賜りました建築家の皆様・施主様・関係者の方々に、この場を借りてお礼を申し上げます。

パイ インターナショナル編集部

型にはまらない発想で、愛着の持てる場を作る
MOUNT FUJI ARCHITECTS STUDIOの仕事

通り芯が通ってない家や、鉄骨を壁にした鉄のログハウスなど、
大胆な発想で独自の建築を作りだすMOUNT FUJI ARCHITECTS STUDIO。
その建築スタイルはどのように生まれたのか?
デビューから現在までの建築を通して、その秘密に迫る。

Text Naoko Aono

デビュー作に込められた建築スタイル

建築以外のジャンルでもそうだけれど、「デビュー作にはすべてがある」と言われる。マウントフジアーキテクツスタジオの場合、厳密には住宅ではないのだが、〈XXXX〉という建築がその後の彼らを決定する作品だった。陶芸作家のアトリエ兼ギャラリーのこの建物は超ローコストで作られている。何しろ予算が自動車1台分ほどしかなかったのだ。それから20年弱、今では海に向かってダイナミックに開けた住宅から、適度に閉じられた心地よい穴蔵のような家まで、公共建築や商業建築も含めてバラエティに富んだ作品を生み出している。彼ら自身も「今が詰まっている」と認めるこのデビュー作から受け継いだものは何だろう?
「〈XXXX〉はとにかく圧倒的に予算がなかった。だから既存の様式や最先端のスタイルを"輸入"するようなやり方ではできなかったんです。自分たちでその場所、その施主だからこそできる新し

いスタイルを作らなくてはならなかった」

そこから導き出されたのが板を「X」字型に並べて壁を作るというデザインだった。コスト削減のためまず素材を吟味、板はホームセンターで1枚数百円程度の合板を4枚重ねにして使う。その板をカットする際も切れ端ができるだけ出ないように歩留まりを考えた。建築設計の際は建物が地震や台風などで倒れないよう、強度を計算する構造計算が必要になる。通常、構造計算はそれを専門とする構造設計家に依頼するのだが、この物件ではそれも自分たちで行った。
「模型を作って指で押す、といった原始的な方法も併用しました」と彼らは笑う。

施工も工務店やゼネコンに頼む予算がなかったので自分たちで行った。重機をレンタルするとその分コストがかかるので、材料は手で持てる範囲にしている。
「X字型に板を並べるデザインは素材や工事のコスト、強度と

XXXX／焼津の陶芸小屋　静岡県｜敷地面積:502.86㎡／建築面積:22.30㎡／延床面積:16.70㎡

建築・設計：原田真宏／原田麻魚｜写真：MOUNT FUJI ARCHITECTS STUDIO

海辺の家 SHORE HOUSE　神奈川県｜敷地面積:998.56㎡／建築面積:243.84㎡／延床面積:298.15㎡

建築・設計：原田真宏／原田麻魚／石井尚人（元所員）／野村和良｜施工：大同工業（伊郷 康／中村竜大／大島隆哉）｜造園：楓翠苑（力石英生／比嘉 司）
構造設計：佐藤淳構造設計事務所（佐藤 淳／都筑 碧）｜設備設計：裕健環境設計（森田和義）｜写真：鈴木研一

いった条件をすべて満たす一つのジオメトリー（幾何学）でした。デザインとしても意味の上でも強さのある形だったと思います」

空間と愛着の持てる場の共存

　住宅に限らず、建築を設計する上で彼らがずっと考えているのは「建築の本質とは何か」ということだ。
「私たちが建築を勉強し始めたころは『空間が建築の本質である』という考え方が主流でした。一般に建物には壁・床・天井があり、その中にできた空間が建築を成立させる重要な要素、ものが空間に従属しているという考え方です。でも、ものが主になって場を成立させるという見方もあるのではないか」
　草原に大木があるとそこに生き物が集まってくる。巨石にしめ縄を張って信仰の対象とすることもある。ものが、そういった愛着が生まれる場を生み出すのではないかという考え方だ。建築的

な環境はものとものとの間に生まれる空間と、ものの周囲に生まれる場とが重なって作られるものであり、どちらかのみにフォーカスをあてるのでは何かが不足してしまう。
「抽象的な空間として価値の高いものであっても、ものの実質がよくなければいい環境にはならない。だから僕たちはものの持つ場所性、空気感を重視して建築を作ることが大切だと考えるようになりました」
　この考え方により強い確信を抱くようになり、かつ彼らの転機になったと考えているのが〈SHORE HOUSE〉だ。施主は世界中に家族や親戚を持つ家族。海がきれいに見える敷地に建つセカンドハウス的な家を希望していた。マウントフジアーキテクツスタジオは施主と何度も話をするうちに「帰ってくるような、心のよりどころになる"うつわ"のような場がほしい」という要望を感じ取る。
「この言葉に限らず、住宅の設計には施主自身も言語化できない繊細な感覚を読み取ることが必要なんです。設計提案をして

いく中で施主の思いが明らかになっていくこともよくあります。その意味では設計というのはカウンセリングに似たところもありますね」

さらに話を聞いていくうちに、施主家族はビーチコーミング（海岸に漂着したものを収集すること）を趣味にしていることがわかった。ビーチコーミングでは地元のものはもちろん、外国語表記のボトルなど遠くから流れ着いてきたものが見つかることもある。施主家族は流木やガラス玉、貝殻など海岸で集めたものを組み合わせてオブジェを作ることも。これがヒントになってマウントフジアーキテクツスタジオは種々の素材を組み合わせた家を考えた。床は中国産のブラックスレート、ガラスはチリ産、柱は北米産の丸太、壁や天井は国内産の木で作ったLVLという工業的な木材といった具合だ。

「お施主さんたちはビーチコーミングで集めたものの、それぞれの面白いところを出すように組み合わせていました。異物なのだ

けれどよき関係に組み合わせていくと楽しい全体ができるんです。この家でも世界中の素材がしっくりくる関係になるように、統合というよりも対話するような家が作れたらいいなあ、と。それぞれがそれぞれのふるまいで、同時に存在しているような家です」

家の素材もビーチコーミングで集めたものも、それぞれの個性を活かしつつ全体は調和しているのだ。世界中に散らばっている施主の家族や親戚が集まってきたようにも感じられる。

周りの環境と家をつなげる秩序

〈XXXX〉は純粋な「結晶体」のような建築であり、〈SHORE HOUSE〉には「開いた秩序」があると彼らは言う。前者は予算の制約から主に構造・素材・コストからその建築固有の幾何学が導き出されている。それに対して後者では周辺環境がすでに持つ幾何学によって家と外部をつなげている。内外で同じ幾何学を

PLUS　静岡県｜敷地面積:988.58㎡／建築面積:232.77㎡／延床面積:279.92㎡

建築・設計:原田真宏／原田麻魚／石井尚人（元所員）／野村和良｜施工:大同工業（星屋雅彦）｜造園:原田造園（原田一宏）
構造設計:佐藤淳構造設計事務所（佐藤 淳／三原悠子）｜設備設計:裕健環境設計（森田和義）｜写真:鈴木研一

適用することで「開いた秩序」が作り出されるのだ。

〈SHORE HOUSE〉は南向きの斜面の、もともと果樹園だったところに建っている。ここでは隣の寺の敷地から張りだしてくる大きな楠の枝の下に屋根がくるように設計した。木陰が住処になったイメージだ。

「外の世界も中の世界も同じ秩序でできているから外にいても自分の空間のようであり、中にいても見えてくる外が自分の領域のように感じられるんです。アウトラインが溶けていて境界がない、どこまでもが自分の居場所であるような」

この二つに対して〈PLUS〉は「結晶体」でもあり、「開いた秩序」も持つ建築だと彼らは言う。〈SHORE HOUSE〉同様、海辺に建てられているが、こちらでは背後に山も迫る。この家の直交する二つのボリューム（箱）の一つは尾根と平行に建てられ、もう一つはそのボリュームと尾根に乗るように建てられた。敷地にはほとんど平らなところがなかったが、尾根も谷間も造成せ

ず、でこぼこした地形のままだ。造成すると惚れ込んだ自然がなくなってしまうからだという。上に乗せられたボリュームの片方は海に、もう片方は山に向かっている。

「海の青い光と山の緑の光がグラデーションとなって切り替わっていくような家です」

できあがったものは白い十字架のような純度の高い建築だ。しかし、根本の考え方には自然環境との対話から生まれた「開いた秩序」がある。このことが住宅により大きな広がりをもたらしている。

海辺に建つ家でもう一つ、印象深いのが近作である〈半島の家〉だ。名前の通り半島の先端、行き着いたところに建っている。高波から家を守るため岩山のような高さ4メートルのボリュームを造り、その上に家を乗せる構成とした。コンクリートでできたこの家では道から階段を使って"岩山"を上り、建物の中をぐるっと巡って海に向かうなめらかなシークエンスを味わえる。

傘の家 KASA　　静岡県｜敷地面積:499.96㎡／建築面積:160.29㎡／延床面積:231.18㎡

建築・設計:原田真宏／原田麻魚／京兼史泰｜施工:桑高建設（桑高弘城）｜構造設計:佐藤淳構造設計事務所（佐藤 淳／三原悠子）｜写真:藤塚光政

「"半島性"というか、離れたところであることを強調したいと思ったんです」

　都市や集落から少し距離を置いた"岩山"から海を眺めるこの家も、半島という秩序に対して開かれた建築なのだ。

居心地のいいところを高める

　ものが場を作る、という彼らの考え方を象徴するのが〈KASA〉や〈Tree House〉（P.184）といった住宅だ。この二つの家では内部に太い柱があり、そこから放射状に延びた木材で屋根を支えている。大きな傘か、周囲に枝を張る大木のもとに家族が集まってくるような佇まいだ。この二つの家ではリビングやキッチン、ベッドルームというようにそれぞれの空間の用途を厳密には決めていない。寝たくなったらそこがベッドルームになり、くつろぎたくなったらリビングになる。

「人がそこで何をするのか、振る舞いを規定したり、空間が命令するようなことが極力感じられないような家にしたいんです。猫はそのときどきで一番いい場所に移動するといわれますが、人間も夏はここ、冬はこちらというように季節や時間によって居心地のいいところを見つければいい」

　快適な場を見つけやすい家には周りから人や動物が集まってくる。とくに〈KASA〉は文字通り傘の骨のような柱と梁で支えているので、壁は思い切り開くことができる。実際に犬や猫はもちろん、アヒルや雉までやってくるのだそう。

「地鎮祭の祝詞で『うましところ良きところ』という言葉があるのですが、その『良きところ』性を高めていくような建築を作りたい」

　面白いのは〈Tree House〉では期せずして日本の古い家屋と似たようなものになったこと。直径1.1メートルの束ね柱になった大黒柱を中心に「田の字型」に部屋が配置される、伝統的な日本家屋の間取りになっているのだ。

立山の家　House toward Tateyama　富山県 | 敷地面積:1467.51㎡／建築面積:243.98㎡／延床面積:192.91㎡

建築・設計：原田真宏／原田麻魚／野村和良／及川 輝 | 施工：辻建設（砂原高志）| 造園：西田幸樹園（西田茂基）| 構造設計：KMC（蒲池 健）
設備設計：裕健環境設計（森田和義）| 写真：新 良太

「新しいものを作っているつもりだったのですが、ぐるっと回って日本にもともとあったものに戻っていることに気づきました」と彼らは言う。

　日本の伝統建築の智恵を意外な形で活かした家もある。〈LogH〉（P.185）はH鋼というH形の鉄骨を互い違いに積み重ねて作った家だ。H鋼は溶接ではなくボルトで留めてあり、このボルトを外せば取り外して他にリサイクルすることができる。日本の寺社仏閣などでは解体した木材を他の建物に転用することがよくある。〈LogH〉のH鋼はその方法論を応用したものだ。

　マウントフジアーキテクツスタジオは日本で古来から多用されている木にも注目している。とくに最近は「大断面集成材」（木材を何枚も重ねて分厚くし、強度を上げたもの）の進歩が著しい。〈立山の家〉ではコンクリートの壁の上に木の壁が乗っている。この家で使った木材は厚さ270mm高さ2100mmという巨大な断面を持つ集成材。これだけで構造と断熱、仕上げを兼ねる素材だ。木の構造の部分はそれだけで自立できるので下層コンクリートの構造と軸を揃える必要がないし、新たな柱も要らない。つまり、好きな場所に木の壁が立てられる。しかも断熱性能がいいので暖かいし、木は吸音するので静かという利点もある。木材については大断面集成材を含め、難燃性や強度を向上させる技術開発が進み、法律も整備されて使いやすくなってきた。さまざまな条件が重なって可能性が広がる木にマウントフジアーキテクツスタジオを始め多くの建築家が期待している。

安心してそこにいられる建築

〈PLUS〉などで「開いた秩序」を標榜する一方で、閉じた場を求められるときもある。映画制作や文筆に関わっている人の場合、大切な資料を守り、一人でこもって思索を巡らすための空間が欲しいと言われることもあるのだ。〈おおきな家 M3/KG〉

半島の家　Peninsula House　　関東 | 敷地面積:1316.57㎡／建築面積:534.59㎡／延床面積:506.89㎡

（P.185）ではこもるためのL字型の空間をコンクリートで、そのほかの部分を木で作っている。

「L字型のところはロマネスクの教会のような厚い壁に囲まれた、しっかりとして愛着が持てる空間です。それ以外のところは少ない材料で作られた道端のような自由な空間になっている。実際にここには施主の友人や映画関係者が集まる道端のような場所でした。家の外の道の延長のような、逆に外の道も自分の空間として感じられる家です」

施主はこの家に数年住んだあと亡くなったのだが、遺族は家の写真を載せたリーフレットを制作し、生前にこの家に集ってきた友人に配った。写真からは施主の暮らしぶりや、彼がどれだけこの家を愛していたかが伝わってくる。

「その人と鉄の階段や木目の入ったコンクリートの壁とが対話関係にあって、さらにそれらと会話するものがどんどん持ち込まれて彼の「巣」のような家になりました。亡くなった後は彼の不在

が雌型のように彼の人となりを表しているようでした。残った家は彼の抜け殻のようでした」

この家はマウントフジアーキテクツスタジオが〈XXXX〉の次に設計した家であり、住宅としてのデビュー作だ。彼らはこの施主からいろいろなことを学んだという。

「たとえば自分たちに解決できないことがあって困っていても、お客さんである施主を心配させてはいけないから隠して、伝えないでおくようにしていたんです。でもお施主さんは僕たちより人生経験も長いからトラブルがあるとぴんとくる。そのときに、『一緒に楽しもう』と言われたんです。『作っていくというプロセス自体が俺の楽しみなんだ』と。お施主さんは映画のプロデュースなども手がけられていたのですが、自分たちもプロデュースしてもらったような気持ちになりました」

この施主のほかにもマウントフジアーキテクツスタジオは「出会いに恵まれた」という。彼らがまだ駆け出しのころに事務所を

建築・設計：原田真宏／原田麻魚／野村和良／及川 輝　施工：佐藤 秀（青野 純）｜造園：プランタス （船平茂生）｜構造設計：佐藤淳構造設計事務所（佐藤 淳／古市渉平）
設備設計：テーテンス事務所（村瀬 豊／西村憲人／勅使川原良一）｜写真：鈴木研一

構えていたのはクリエイティブディレクターの小池一子の事務所の2階だった。小池は無印良品の立ち上げに参画、1976年に株式会社キチンを設立して編集やデザイン、美術展の企画などを行っている。そこは彼女のもとにデザイナーやアーティスト、編集者など多彩な人が集まる「デザイン界のときわ荘」のようなところだった。マウントフジアーキテクツの二人は小池にもいろいろなことを教わった。

「小池さんは周りの人をまとめたり、その人のカラーを引き出したりするのが上手いんです。『いいわよね、面白いわね』と見立ててくれることでデザイナーやアーティストが『これでいいのかな』と自問自答している中で芽を出すきっかけになる。とくに小池さんの『言葉の展開力』は勉強になりました。その場の方向性をみんながわかるようにする言葉をぽんと見つけてくれる。今振り返るとそういう作法を学んでいたように思います」

建築家には施主を始め、工務店など多くの人をまとめていく

アートディレクター的な役割が求められる。そのときに小池に学んだ「言葉の展開力」がものをいうのだ。

原田真宏の父は船の設計を手がけていた。マウントフジアーキテクツスタジオは真宏の父からも影響を受けているという。

「船の設計では物を運ぶという社会的な機能と、波風や嵐に耐えるという自然の中での強さが要求されます。自然も社会もいろいろな条件を調停してできたのがあの有機的な形なんです。建築では社会の要求も大切ですが、社会は移ろっていくものだからそれだけでは長持ちしない。光、風、植生などの自然や人間の身体などいろいろな要求を調停する線を探しながら作っていくことで、たとえば世帯構成や用途が変わっても残っていく建築が作れる。消費されることなく、安心してそこにいられる建築です」

周辺環境や人々と「開いた秩序」を取り結びながら素材と構造の挑戦を重ね、愛着の持てる場を探る。マウントフジアーキテクツスタジオの多様な住宅がいつまでも愛される秘密はここにある。

目次_INDEX

14	アオイデザイン	68	Office for Environment Architecture
16	芦沢啓治建築設計事務所	70	吉デザイン設計事務所
18	阿曽芙実建築設計事務所	72	キノアーキテクツ
20	akka	74	KIRI ARCHITECTS
22	アトリエコ	76	久保都島建築設計事務所
24	アトリエ・ブリコラージュ一級建築士事務所	78	倉橋友行建築設計室
26	アトリエルクス	80	桑田豪建築設計事務所
28	APOLLO	82	桑原茂建築設計事務所
30	arbol 一級建築士事務所	84	GEN INOUE
32	IKAWAYA建築設計	86	建築士事務所エクリアーキテクツ
34	石井秀樹建築設計事務所	88	建築設計事務所 可児公一植美雪
36	石川素樹建築設計事務所	90	建築設計事務所 SAI工房
38	1-1 Architects	92	後藤周平建築設計事務所
40	一級建築士事務所 ikmo	94	佐久間徹設計事務所
42	一級建築士事務所CONTAINER DESIGN	96	佐々木勝敏建築設計事務所
44	一級建築士事務所ヨネダ設計舎	98	SATO+ARCHITECTS
46	伊藤暁建築設計事務所	100	澤秀俊設計環境
48	稲山貴則建築設計事務所	102	CO2WORKS一級建築士事務所
52	井上久実設計室	104	ジオーグラフィック・デザイン・ラボ
54	Inoue Yoshimura studio Inc.	106	塩田有紀建築設計事務所
56	AIRHOUSE	108	SHIP ARCHITECTS
58	Eureka	110	篠崎弘之建築設計事務所
60	エキップ一級建築士事務所	112	白子秀隆建築設計事務所
62	S設計室	114	SUEP
64	MDS	116	すずき
66	小長谷亘建築設計事務所	118	STUDIO COCHI ARCHITECTS

120	須藤剛建築設計事務所	176	ポーラスターデザイン一級建築士事務所
122	Cell Space Architects	178	保坂猛建築都市設計事務所
124	ソルト建築設計事務所	180	Buttondesign
126	タトアーキテクツ	182	Horibe Associates co., ltd.
130	ダトリエ一級建築士事務所	184	MOUNT FUJI ARCHITECTS STUDIO
132	ツクリト建築設計事務所	186	松山建築設計室
134	ツバメアーキテクツ	188	MAMM DESIGN
136	都留理子建築設計スタジオ	190	丸山寛文建築設計事務所
138	デザインライフ設計室	192	御手洗龍建築設計事務所
140	TENHACHI ARCHITECT & INTERIOR DESIGN	194	武藤圭太郎建築設計事務所
142	とのま一級建築士事務所	196	ムトカ建築事務所
144	納谷建築設計事務所	198	モカアーキテクツ
146	no.555一級建築士事務所	200	矢橋徹建築設計事務所
148	西口賢 建築設計事務所	202	山上弘 建築設計事務所
150	ハース建築設計事務所	204	山田誠一建築設計事務所
152	BAUM	208	UND一級建築士事務所
154	畑友洋建築設計事務所	210	裕建築計画
158	ハルナツアーキ	212	米澤隆建築設計事務所
160	ピークスタジオ一級建築士事務所	214	ラブアーキテクチャー一級建築士事務所
162	BE-FUN DESIGN	216	リオタデザイン
164	ヒャッカ	218	y+M design office
166	平野公平建築設計事務所	222	若原アトリエ
168	藤原・室 建築設計事務所		
170	+0一級建築士事務所		
172	古森弘一建築設計事務所		
174	古谷デザイン建築設計事務所		

アオイデザイン

aoydesign　青山茂生／隅谷維子

青山茂生：1993年武蔵工業大学（現 東京都市大学）卒業。1993-1998年現代建築研究所。1998-2003年シーラカンス K&H。2003年 aoydesign 設立。隅谷維子：1999年大阪大学大学院修士課程修了。1999-2001年シーラカンス K&H。2001-2007年ジェネラルデザイン。2007年 aoydesign 共営。2010年株式会社アオイデザインに改組。

h25a　神奈川県 ｜ 115.71㎡／92.2㎡

建築・設計：青山茂生／隅谷維子 ｜ 施工：西本工務店 ｜ 造園：en景観設計 ｜ 構造設計：正木構造研究所

〒112-0003 東京都文京区春日2-22-5 川口アパートメント323

TEL 03-3814-8016　FAX 03-3814-8016

info@aoydesign.com

aoydesign.com

instagram.com/aoy.aoydesign/

■ House　　■ Shop　　□ Public

□ Furniture　□ Product　■ Renovation

□ Exhibition　□ Office　　■ Interior

□ Graphic　　□ Other

h31k　東京都｜229.2㎡／219.95㎡

建築・設計：青山茂生／隅谷維子｜施工：ウルテック｜構造設計：なわけんジム｜家具・什器：B.H.T

h20e　東京都｜—／53.05㎡

建築・設計：青山茂生／隅谷維子｜施工：西本工務店｜写真：大谷宗平（ナカサアンドパートナーズ）

h22y　東京都｜—／74.35㎡

建築・設計：青山茂生／隅谷維子｜施工：西本工務店

芦沢啓治建築設計事務所

KEIJI ASHIZAWA DESIGN　芦沢啓治

1996年横浜国立大学建築学科卒業、architecture WORKSHOP、家具製作会社super robotを経て、2005年芦沢啓治建築設計事務所設立。2011年東日本大震災を受け地域社会自立支援型公共空間、石巻工房を創立。建築、リノベーションから照明・家具デザインに一貫するフィロソフィー「正直なデザイン/Honest Design」から生み出される作品は、国内外から高く評価されている。

HOUSE IN SAIKO　山梨県 | 2422.11㎡／199.76㎡

建築・設計：芦沢啓治 | 施工：まつもとコーポレーション | 写真：阿野太一

〒112-0002 東京都文京区小石川2-17-15 1F

TEL 03-5689-5597

FAX 03-5689-5598

info@keijidesign.com

https://www.keijidesign.com/

■ House　　■ Shop　　□ Public

■ Furniture　□ Product　■ Renovation

■ Exhibition　■ Office　　■ Interior

□ Graphic　　□ Other

HOUSE IN MACHIDA　東京都 | 202.89㎡／123.91㎡

建築・設計：芦沢啓治 | 施工：幹建設 | 写真：太田拓実

HOUSE IN HAYAMA　神奈川県 | 165㎡／123㎡

建築・設計：芦沢啓治 | 施工：大同工業 | 写真：阿野太一

HOUSE IN YOGA　東京都 | 295.80㎡／259㎡

建築・設計：芦沢啓治 | 施工：栄港建設 | 写真：阿野太一

阿曽芙実建築設計事務所

FUMI ASO Architect & Associates 阿曽芙実

ひとつの建築が生まれるとき、たくさんの「思い」や「期待」がつめ込まれて誕生します。建て主の思いは建築そのものです。そんなひとの「思い」や「期待」を寄せる建築にぜひ、設計者として携わりたい。私たちは、建て主の声に寄り添い、敷地に耳を傾け、ここにしかない愛される建築を創ることを目指しています。

Hat house 兵庫県 | 136.10㎡／165.71㎡

建築・設計：阿曽芙実建築設計事務所 | 施工：大垣林業 | 造園：家谷植景研究所 | 写真：小川重雄

〒657-0816 兵庫県神戸市灘区国玉通4-2-7

TEL 078-200-5483

FAX 078-200-5483

fumiaso@fumiaso-aa.com

https://www.fumiaso-aa.com

■ House　　■ Shop　　■ Public

■ Furniture　■ Product　■ Renovation

■ Exhibition　■ Office　　■ Interior

□ Graphic　　■ Other

Dear house　石川県 | 146.57㎡／108.57㎡

建築・設計：阿曽芙実建築設計事務所｜施工：建匠｜造園：総合園芸｜写真：小川重雄

Here There Overthere（HTO）　兵庫県 | 107.38㎡／130.89㎡

建築・設計：阿曽芙実建築設計事務所｜施工：笹原建設｜写真：長谷川健太

akka

アッカ　永井智樹／小山明子

2007年設立。小さな要望から、人・猫等みんなが楽しく暮らせる住まいを夫婦両方の目線で提案している。多様な木造架構や鍋の収納まで、空間を造る要素の可能性を大切に設計を行う。住宅、集合住宅、リノベーションなども手がける。

芝生のある曲屋根の家　兵庫県｜112㎡／109㎡

建築・設計：akka｜施工：尼崎工務店｜写真：笹倉洋平

〒540-0003 大阪府大阪市中央区森ノ宮中央2-4-9永田ビル別館301

TEL 06-6809-6926

info@akka-a.com

https://akka-a.com

■ House　　■ Shop　　□ Public

■ Furniture　□ Product　■ Renovation

□ Exhibition　■ Office　　■ Interior

□ Graphic　　□ Other

いろんな窓の家　兵庫県｜150㎡／119㎡

建築・設計：akka｜施工：いなせ建設｜写真：笹倉洋平

猫のみちの家　兵庫県｜147㎡／119㎡

建築・設計：akka｜施工：テラタニ工務店｜ファブリックデザイン：fabricscape｜写真：笹倉洋平

密集地の天窓　大阪府｜83㎡／121㎡

建築・設計：akka｜施工：いなせ建設｜写真：Stirling Elmendorf

アトリエコ

atelierco architects　塩崎太伸／小林佐絵子

「菊名貝塚の住宅」SDレビュー2018入賞。
「五平柱の住宅」JAPAN WOOD DESIGN AWARD 2020受賞。

五平柱の住宅　東京都｜136.16㎡／103.39㎡

建築・設計：小林佐絵子／塩崎太伸｜施工：相川スリーエフ｜構造：多田脩二構造設計事務所｜写真：鈴木淳平

〒152-0031 東京都目黒区中根2-12-22-205

TEL 03-6421-1093

info@atorieco.com

https://www.atorieco.info/

■ House　　■ Shop　　■ Public

■ Furniture　■ Product　■ Renovation

■ Exhibition　■ Office　　■ Interior

■ Graphic　　■ Other

上大岡台・百年土間　神奈川県｜222.53㎡／118.07㎡

建築・設計：小林佐絵子／塩崎太伸｜施工：システムアート湘南｜写真：鈴木淳平

大塚・三業通りの住宅　東京都｜54.69㎡／94.30㎡

建築・設計：塩崎太伸／小林佐絵子｜施工：東聖建設｜構造：木下洋介構造設計室｜写真：鈴木淳平

染井・ブラスハウス　東京都｜91.87㎡／111.64㎡

建築・設計：小林佐絵子／塩崎太伸｜施工：相川スリーエフ｜構造：多田脩二構造設計事務所｜写真：鈴木淳平／中山保寛

アトリエ・ブリコラージュ一級建築士事務所

Atelier Bricolage　奥野八十八

1980年京都市生まれ。1998年京都市立紫野高等学校卒業。2002年京都工芸繊維大学造形工学科卒業。2004年同大学大学院造形工学専攻修了。2004年建築環境研究所入所。2010年アトリエ・ブリコラージュ一級建築士事務所設立。2014年 - 京都女子大学非常勤講師。

竹林の家　兵庫県 | 989.93㎡／146.34㎡

建築・設計：奥野八十八 | 施工：匠建築工房 | 構造設計：エス・キューブ・アソシエイツ | 写真：母倉知樹

〒603-8165 京都府京都市北区紫野西御所田町16-2-403

TEL 075-411-4518

info@atelier-bricolage.net

www.atelier-bricolage.net

■ House　　□ Shop　　□ Public

■ Furniture　□ Product　■ Renovation

□ Exhibition　■ Office　　■ Interior

□ Graphic　　□ Other

出水の家　京都府｜234.92㎡／161.53㎡

建築・設計：奥野八十八｜施工：JED｜構造設計：エス・キューブ・アソシエイツ｜造園：たかはし造園｜家具製作：坂田卓也製作所｜写真：母倉知樹

日吉台の家　大阪府｜164.21㎡／125.67㎡

建築・設計：奥野八十八｜施工：関西不動産販売｜協働設計：荒木麻衣子（アトリエ・ポンヌフ）｜造園：たかはし造園｜写真：母倉知樹

鶴見の家Ⅱ　大阪府｜167.95㎡／199.67㎡

建築・設計：奥野八十八｜施工：勝部建設｜構造設計：門藤芳樹構造設計事務所｜造園：たかはし造園｜照明デザイン：吉野弘恵（アカリ・アンド・デザイン）｜写真：母倉知樹

アトリエルクス

atelier-lx inc.　宇佐見 寛

作っては壊し、壊しては作る現在の日本社会。建築物くらいは、二世代、三世代先を見越したものを作ってみては。既成概念を打ち破ったアイデア、デザイン、そしてこだわる思いこそが、人々のより良い生活へとつながるファクターだと考えています。だからこそ、デザインできるモノは、すべてデザインする。そして、人を楽しい気持ちにさせることができるお手伝いをできたらと思っています。

おおきなかさの下で　愛知県｜471.36㎡／148.59㎡

建築・設計・インテリアデザイン：宇佐見 寛｜施工：林 達也（icraft works）｜写真：志摩大輔（adhoc）

〒463-0037 愛知県名古屋市守山区天子田1丁目1806番地

TEL 052-739-7940

FAX 052-739-7941

www.atelier-lx.jp

■ House　　■ Shop　　■ Public

■ Furniture　■ Product　■ Renovation

■ Exhibition　■ Office　　■ Interior

☐ Graphic　　■ Other

ROJI　愛知県 | 210.95㎡／190.53㎡

建築・設計・インテリアデザイン：宇佐見 寛｜施工：玉田建設｜写真：志摩大輔（adhoc）

格子土間の家　三重県 | 499.1㎡／116.76㎡

建築・設計・インテリアデザイン：宇佐見 寛｜施工：山岸工務店｜写真：志摩大輔（adhoc）

重ね切妻の家　岐阜県 | 303.50㎡／171.81㎡

建築・設計・インテリアデザイン：宇佐見 寛｜施工：林 達也（icraftworks）｜写真：志摩大輔（adhoc）

APOLLO

黒崎 敏　Satoshi Kurosaki

1970年石川県金沢市生まれ。94年明治大学理工学部建築学科卒業。大手メーカー新商品企画開発、設計事務所主任技師のキャリアを経て、2000年にAPOLLOを設立。戸建、ホテル等を中心に国内外で設計した建物は200を超える。

COVER　東京都 | 149.01㎡／101.56㎡

建築・設計：黒崎 敏｜施工：平野建設｜構造設計：正木健太（正木構造研究所）｜照明計画：戸恒浩人（シリウスライティングオフィス）｜キッチン設計：SieMatic｜写真：西川公朗

〒107-0062 東京都港区南青山5-11-23 TERMINAL 1F／B1F

TEL 03-6433-5095

FAX 03-6433-5096

https://kurosakisatoshi.com/

■ House　　■ Shop　　■ Public

■ Furniture　□ Product　■ Renovation

■ Exhibition　■ Office　■ Interior

□ Graphic　　■ Other

LEAF　東京都｜137.22㎡／125.35㎡

建築・設計：黒崎 敏｜施工：小林｜構造設計：正木健太（正木構造研究所）｜照明計画：戸恒浩人（シリウスライティングオフィス）｜キッチン設計：リネアタラーラ｜写真：西川公朗

SCAPE　山形県｜845.32㎡／216.54㎡

建築・設計：黒崎 敏｜施工：大友建設｜構造設計：正木健太（正木構造研究所）｜照明計画：戸恒浩人（シリウスライティングオフィス）｜キッチン設計：リネアタラーラ｜写真：西川公朗

ORTHO　非公開｜792.67㎡／410.94㎡

建築・設計：黒崎 敏｜施工：鈴縫工業｜造園：SOLSO｜構造設計：野村基（野村基建築構造設計）｜キッチン設計：リネアタラーラ｜照明計画：戸恒浩人（シリウスライティングオフィス）｜写真：西川公朗

arbol 一級建築士事務所

堤 庸策

一級建築士、1979年生まれ。徳島県育ち。田頭健司建築研究所を経て、EU、USA放浪後、2006年フリーランスで
活動開始。2009年建築設計事務所arbolを設立。JCD金賞、グッドデザイン賞、渡辺節賞奨励賞、イギリス、ドイツ、
アメリカ、国内外受賞多数。

明石の家　兵庫県 | 172.81㎡ / 81.07㎡

建築・設計・インテリアデザイン：arbol ｜ 実施設計：arbol＋はすいけ ｜ 施工：笹原建設 ｜ 造園：荻野寿也景観設計 ｜ 照明設計：パルコスペースシステムズ ｜ 家具：萬代製作所 ｜ 写真：下村康典

〒530-0012 大阪市北区芝田2-8-11 共栄ビル3F
info@arbol-design.com
www.arbol-design.com

■ House　■ Shop　■ Public
■ Furniture　■ Product　■ Renovation
■ Exhibition　■ Office　■ Interior
■ Graphic　■ Other

8HOUSE　東京都｜82.87㎡／85.81㎡

建築・設計：arbol｜施工：栄港建設｜造園：greenspace｜写真：矢野紀行

西三国の家　大阪府｜169.24㎡／91.70㎡

建築・設計・インテリアデザイン：arbol｜実施設計：arbol＋FLAME｜施工：住まい設計工房｜造園：荻野寿也景観設計｜照明設計：maxray 原田祐彦｜写真：下村康典

宝塚の家　兵庫県｜182.23㎡／65.54㎡

建築・設計：arbol｜実施設計：arbol＋はすいけ｜施工：笹原建設｜造園：クリエイティブ キンショウエン｜ディスプレイ：SHABBY WORKS Inc.｜写真：下村康典

IKAWAYA建築設計
IKAWAYA Architects　井川充司

「庭から考える」ことで、豊かなときを刻む住宅を目指しています。プロダクトから公共建築まで幅広く手がける。
モダンリビング大賞「ベスト6賞」、グッドデザイン賞、JID AWARD部門賞、東京建築賞優秀賞など受賞歴多数。

Seven Gardens House　東京都 | 663㎡／228㎡

建築・設計：IKAWAYA建築設計 | 施工：宮嶋工務店 | 造園：長濱香代子庭園設計 | 写真：太田拓実／川辺明伸

〒154-0001 東京都世田谷区池尻2-4-5 iiD307
TEL 03-3424-3488
info@ikawaya.co.jp
ikawaya.co.jp

■ House　　■ Shop　　■ Public

■ Furniture　■ Product　■ Renovation

□ Exhibition　■ Office　　■ Interior

■ Graphic　　■ Other (garden)

Sky Cave　東京都｜310㎡／452㎡

建築・設計：IKAWAYA建築設計｜施工：栄港建設｜造園：SOLSO｜写真：川辺明伸

Concrete Shell House　東京都｜229㎡／332㎡

建築・設計：IKAWAYA建築設計｜施工：栄港建設｜造園：SOLSO｜写真：川辺明伸

石井秀樹建築設計事務所

Ishii Hideki Architect Atelier　石井秀樹

1971年千葉県生まれ。1997年東京理科大学大学院修了。1997年architect team archum設立。2001年石井秀樹建築設計事務所設立。2012年建築家住宅の会理事。グッドデザイン賞、日本建築家協会優秀建築選200選、東京建築賞戸建住宅部門最優秀賞、日事連建築賞会長賞、国土交通大臣賞、日本建築士会連合会賞優秀賞など受賞歴多数。

片岡町の家　群馬県 | 783.26㎡／319.77㎡

建築・設計・インテリアデザイン:石井秀樹／張為棟（石井秀樹建築設計事務所元スタッフ）｜施工:宮崎 晃（津久井工務店）｜造園:成澤 勉（しみづ農園）｜写真:鳥村鋼一（鳥村鋼一写真事務所）

〒150-0012 東京都渋谷区広尾5-23-5 2F

TEL 03-5422-9173

FAX 03-5422-9174

isi_h@isi-arch.com

http://isi-arch.com/

■ House　■ Shop　■ Public

■ Furniture　□ Product　■ Renovation

■ Exhibition　■ Office　■ Interior

□ Graphic　□ Other

下目黒の家　東京都｜116.67㎡／111.51㎡

建築・設計・インテリアデザイン：石井秀樹／岩崎祐二｜施工：平野 進（オアシス巧房）｜造園：板垣雄太（SOLSO）｜写真：鳥村鋼一（鳥村鋼一写真事務所）

今泉台の家　神奈川県｜529.12㎡／118.87㎡

建築・設計・インテリアデザイン：石井秀樹／岩崎祐二｜施工：池谷雄治（東海建設工業）｜造園：中山大輔（en景観設計）｜写真：鳥村鋼一（鳥村鋼一写真事務所）

百村の家　東京都｜133.99㎡／83.34㎡

建築・設計・インテリアデザイン：石井秀樹／織田安澄｜施工：金子貴之（内田産業）｜写真：鳥村鋼一（鳥村鋼一写真事務所）

石川素樹建築設計事務所

MOTOKI ISHIKAWA ARCHITECT AND ASSOCIATES INC.　石川素樹

1980年東京都生まれ。手嶋保建築事務所を経て2009年に石川素樹建築設計事務所を設立。建築、インテリアから家具、プロダクトまで幅広い領域でデザインを手がける。iF DESIGN AWARD iF Gold Award、日本建築学会作品選集新人賞、グッドデザイン賞など受賞多数。

南荻窪の家　東京都 | 188.47㎡／146.05㎡

建築・設計：石川素樹 | 構造：森永信行（mono） | 造園：蓑田真哉（zoen） | 家具：田中智也（RILNO） | 写真：西川公朗

〒151-0053 東京都渋谷区代々木4-28-7 西参道テラス W1
TEL 03-6300-5530
FAX 03-6300-5571
info@motokiishikawa.com
www.motokiishikawa.com

■ House ■ Shop ■ Public
■ Furniture ■ Product ■ Renovation
■ Exhibition ■ Office ■ Interior
■ Graphic ■ Other

西参道テラス　東京都 | 353.10㎡／481.06㎡

建築・設計：石川素樹 | 構造：森永信行（mono） | 造園：蓑田真哉（zoen） | 家具：田中智也（RILNO） | 写真：西川公朗

十文字町の家　秋田県 | 941.71㎡／132.49㎡

建築・設計：石川素樹 | 構造：森永信行（mono） | 家具：田中智也（RILNO） | 写真：ARCHI HATCH

1-1 Architects
イチノイチアーキテクツ二級建築士事務所　神谷勇机／石川翔一

神谷勇机（右）：三重大学卒業後、佐々木勝敏建築設計事務所、ジンバブエハラレポリテクニック講師（JICA）を経て、1-1
Architects共同主宰。石川翔一（左）：名古屋工業大学大学院修了後、組織設計事務所勤務を経て、1-1 Architects共同主宰。主
な受賞歴に日本建築学会作品選集新人賞、SDレビュー2018 SD賞、中部建築賞など。

House HM　愛知県｜215.80㎡／89.44㎡

建築・設計：神谷勇机／石川翔一／後藤 唯｜施工：平田建築｜造園：mossgreenikkei｜写真：1-1 Architects

〒448-0806 愛知県刈谷市松栄町3-6-13

TEL 0566-25-0335

FAX 0566-25-0335

info@1-1arch.com

1-1arch.com

■ House　　■ Shop　　■ Public

■ Furniture　□ Product　■ Renovation

■ Exhibition　■ Office　　■ Interior

□ Graphic　　■ Other

House OS　愛知県｜354.93㎡／136.76㎡

建築・設計：神谷勇机／石川翔一｜施工：平田建築｜構造設計：小松宏年構造設計事務所｜造園：杉山拓巳｜写真：1-1 Architects

House NI　愛知県｜453.97㎡／174.43㎡

建築・設計：神谷勇机／石川翔一｜施工：平田建築｜構造設計：寺戸巽海構造計画工房｜ポスト製作：千葉工作所｜写真：1-1 Architects

House IT　愛知県｜334.24㎡／101.04㎡

建築・設計：神谷勇机／石川翔一｜施工：平田建築｜造園：mossgreenikkei｜構造設計：小松宏年構造設計事務所｜キッチン製作：イリエ制作所｜写真：1-1 Architects

一級建築士事務所 ikmo

比護結子

1995年奈良女子大学卒業。1997年東京工業大学大学院修了。1999年一級建築士事務所ikmo共同設立。東京建築士会「住宅建築賞」（キチ001）、「グッドデザイン賞2015」（cotoiro）、「千葉県建築文化賞 最優秀賞」（椿庵）など受賞。

ナガレノイエ　千葉県 | 229.95㎡／88.50㎡

建築・設計：比護結子 | 施工：須賀工務店 | 構造設計：オーノJAPAN | 写真：西川公朗

〒136-0073 東京都江東区北砂6-14-5

TEL 03-5683-2623

http://www.5b.biglobe.ne.jp/~ikmo/

■ House　■ Shop　■ Public

■ Furniture　■ Product　■ Renovation

■ Exhibition　■ Office　■ Interior

□ Graphic　■ Other

スキユハウス　東京都 | 98.99㎡／97.42㎡

建築・設計：比護結子 | 施工：内田産業 | 構造設計：正木構造研究所 | 写真：西川公朗

椿庵　千葉県 | 125.65㎡／88.70㎡

建築・設計：比護結子 | 施工：中野工務店 | 構造設計：正木構造研究所 | 写真：西川公朗

一級建築士事務所CONTAINER DESIGN

コンテナデザイン　岸本貴信

コンテナデザインはシンプル且つ機能性や住みやすさを兼ね備えた誰もが居心地イイなと思える家づくりを目指します。

庭の家　兵庫県 | 257.00㎡／83.14㎡

建築・設計：岸本貴信 | 施工：旭ホームズ | 造園：Garden design office 萬葉

〒650-0024 兵庫県神戸市中央区海岸通3-1-14大島ビル306

TEL 078-335-5795

FAX 078-335-5793

info@cd-aa.com

www.cd-aa.com

■ House　　■ Shop　　■ Public

□ Furniture　□ Product　■ Renovation

□ Exhibition　■ Office　□ Interior

□ Graphic　　■ Other

阿成の家　兵庫県｜161.72㎡／82.79㎡

建築・設計:岸本貴信｜施工:旭ホームズ

天白区梅が丘の家　愛知県｜184.08㎡／107.23㎡

建築・設計:岸本貴信｜施工:Nantureスペース

売布山手の家　兵庫県｜185.37㎡／100.59㎡

建築・設計:岸本貴信｜施工:あんじゅホーム｜造園:Garden design office 萬葉

一級建築士事務所ヨネダ設計舎
YONEDA architectural design 米田雅樹

1980年三重県伊勢市生。2006-2008年有限会社吉澤建築設計室。2008年修成建設専門学校第二本科夜間卒業。2013年一級建築士事務所ヨネダ設計舎設立。計画地の場所の空気を感じとり、ひとと対話し、言葉を大切に設計しています。設計の結果が、ひと、場所、時間、の大切な記憶となることを願い活動しています。

写真：浅田政志

野原の家　三重県｜－／105.95㎡

建築・設計：米田雅樹｜施工：ヨネダ設計舎｜写真：Hiroshi Tanigawa（Tololo studio）

〒515-0029 三重県松阪市西野々町28-2

TEL 0598-67-5948

FAX 0598-67-5441

tree-office@ms1.mctv.ne.jp

www.yonedasekkeisha.com

■ House　　■ Shop　　■ Public

■ Furniture　■ Product　■ Renovation

■ Exhibition　■ Office　　■ Interior

■ Graphic　　■ Other

N邸＋forest bois　三重県｜－／234.45㎡

建築・設計：米田雅樹｜施工：大勇建築｜写真：Hiroshi Tanigawa（Tololo studio）

でぐちさんち　三重県｜－／139.11㎡

建築・設計：米田雅樹｜施工：最上工務店｜写真：Hiroshi Tanigawa（Tololo studio）

伊藤暁建築設計事務所

Satoru Ito Architects and Associates　伊藤 暁

1976年、東京都生まれ。2002年、横浜国立大学大学院修了。2002年-2006年、aat+ヨコミゾマコト建築設計事務所勤務。2007年、伊藤暁建築設計事務所設立。2017年-東洋大学准教授。徳島県神山町で「えんがわオフィス」や「WEEK神山」などの設計を手がける他、住宅の実績も多数。

軽井沢の住宅　長野県｜1,136.50㎡／190.46㎡

建築・設計：伊藤暁建築設計事務所｜施工：寿々木工務店

〒142-0062 東京都品川区小山4-7-15 石神ビル2F
TEL 03-6421-5312
FAX 03-6421-5316
office@satoruito.com
www.satoruito.com

■ House　□ Shop　□ Public
□ Furniture　□ Product　■ Renovation
■ Exhibition　■ Office　■ Interior
□ Graphic　■ Other

久我山の住宅　東京都 | 91.30㎡／69.68㎡

建築・設計：伊藤暁建築設計事務所 | 施工：内田産業

筑西の住宅　茨城県 | 733.54㎡／129.03㎡

建築・設計：伊藤暁建築設計事務所 | 施工：田中工務店

稲山貴則建築設計事務所

Takanori Ineyama Architects　稲山貴則

1982年山梨県生まれ。東京理科大学工学部建築学科卒業。2014年稲山貴則建築設計事務所設立。イギリスの『Wallpaper*』
誌 Architects' Directory 2019選出。プロジェクトの価値を探しストーリーのある建築・ものづくりを目指している。

倉のある家　山梨県 | 329.33㎡／124.78㎡

建築・設計：稲山貴則 | 施工：中村工務店 | 造園：mossto | 構造：建築構造研究所 | 写真：砺波周平

■ House ■ Shop ■ Public
■ Furniture ■ Product ■ Renovation
■ Exhibition ■ Office ■ Interior
□ Graphic ■ Other

八ヶ岳の離れ　山梨県 | 331.02㎡／64.37㎡

建築・設計：稲山貴則 | 施工：M's-A | 構造：建築構造研究所 | 写真：鳥村鋼一

立面の家　東京都 | 66.01㎡／103.89㎡

建築・設計：稲山貴則 | 施工：伸栄 | 構造：建築構造研究所 | 写真：鳥村鋼一

内庭の家　山梨県｜227.91㎡／111.91㎡

建築・設計:稲山貴則 | 施工:丸正渡邊工務所 | 構造:建築構造研究所 | 写真:鳥村鋼一

井上久実設計室
KUMI INOUE&ARCHITECTS　井上久実

2000年1月井上久実設計室開設。2019年大阪府建築士会「第11回建築人賞」受賞。2019年建築家のあかりコンペ2019最優秀賞受賞、2020年第7回木質建築空間デザインコンテスト主催者賞受賞など受賞多数。摂南大学非常勤講師。

彦根の家　滋賀県 | 278.19㎡／209.54㎡

建築・設計：井上久実 | 施工：大輪建設 | 写真：冨田英次

〒546-0041 大阪府大阪市東住吉区桑津2-6-15

TEL 06-6719-5258

FAX 06-6719-5274

kumi_arch@me.com

http://kumiarch.com

■ House　　■ Shop　　■ Public

■ Furniture　■ Product　■ Renovation

■ Exhibition　■ Office　　■ Interior

■ Graphic　　■ Other

富田林の家　大阪府｜295.25㎡／101.39㎡

建築・設計：井上久実｜施工：西友建設｜写真：冨田英次

CROSS ROOF　大阪府｜355.45㎡／116.76㎡

建築・設計：井上久実｜施工：西友建設｜写真：冨田英次

堺の家　大阪府｜637.23㎡／118.30㎡

建築・設計：井上久実｜施工：西友建設｜写真：冨田英次

Inoue Yoshimura studio Inc.
イノウエヨシムラスタジオ

2017年に井上亮と吉村明で設立。見た目の美しさよりも、そこにいて心地よいこと。見た目の好みは時代によって変わりますが、心地よいという感覚は太古の昔から人間が持つ本質的な感覚であると考えています。公園や澄んだ空の下のような理由なく心地よい空間を目指して日々新しい空間の提案をしています。

ななめの線の住宅　神奈川県 | 115㎡／約112㎡

建築・設計：Inoue Yoshimura studio Inc.｜施工：坂牧工務店｜構造：川田知典構造設計｜写真：渡邊聖爾

〒151-0051 東京都渋谷区千駄ヶ谷3-30-4-201

TEL 03-6432-9306（北参道事務所）

info@iystudio.jp

http://iystudio.jp/

■ House　　■ Shop　　■ Public

■ Furniture　■ Product　■ Renovation

■ Exhibition　■ Office　　■ Interior

☐ Graphic　　☐ Other

吹穴のある住宅　神奈川県｜132㎡／約101㎡

建築・設計：Inoue Yoshimura studio Inc.｜施工：坂牧工務店｜構造：川田知典構造設計｜写真：渡邊聖爾

桜並木のワンルーム住宅　東京都｜138㎡／約106㎡

建築・設計：Inoue Yoshimura studio Inc.｜施工：坂牧工務店｜構造：川田知典構造設計｜写真：渡邊聖爾

AIRHOUSE
桐山啓一

建築家。1978年生まれ。2009年にAIRHOUSE設立。東海地方を中心に全国で建築活動を行う。グッドデザイン賞、中部建築賞、木質空間デザインコンテスト住宅部門賞、The 13th Modern Decoration International Media Award 年間住宅大賞、家づくり大賞 大賞、etc.。

高尾の家 東京都 | 251.84㎡／199.95㎡

建築・設計：桐山啓一｜施工：栄伸建設｜写真：矢野紀行

〒461-0005 愛知県名古屋市東区東桜1-10-40 3F

TEL 052-212-5108

info@airhouse.jp

www.airhouse.jp

■ House　　■ Shop　　□ Public

□ Furniture　□ Product　■ Renovation

□ Exhibition　■ Office　　□ Interior

□ Graphic　　□ Other

森町の家　静岡県｜370.92㎡／135.34㎡

建築・設計：桐山啓一｜施工：杉浦建築店｜写真：矢野紀行

瀬戸の家　愛知県｜243.85㎡／112.30㎡

建築・設計：桐山啓一｜施工：菊原｜写真：矢野紀行

岩倉の家　愛知県｜199.20㎡／122.34㎡

建築・設計：桐山啓一｜施工：アシスト｜写真：矢野紀行

Eureka

エウレカ　稲垣淳哉／佐野哲史／永井拓生／堀 英祐

Eurekaは2009年に、稲垣淳哉（計画）、佐野哲史（意匠）、永井拓生（構造）、堀英祐（環境）の四人で設立された、異分野
共同による建築ユニット。デザイナー・エンジニアが協働し、建築を通じて、持続可能で活力ある地域社会づくりを目指している。

写真：大倉英揮

Eagle Woods House　埼玉県 | 1,101.09㎡／116.50㎡

建築・設計：Eureka｜施工：榊住建｜写真：大倉英揮

〒171-0021 東京都豊島区西池袋4-15-1-101

TEL 03-3988-4065

info@eurk.jp

http://www.eurk.jp

■ House　　■ Shop　　■ Public

□ Furniture　□ Product　■ Renovation

■ Exhibition　■ Office　　■ Interior

□ Graphic　　■ Other

Around the Corner Grain　埼玉県 | 160.06㎡／235.42㎡

建築・設計：Eureka／MARU。architecture（エウレカ／マル・アーキテクチャ）| 施工：TH-1（ティーエイチワン）| 写真：大倉英揮

Silver Water Cabin　福井県 | 533.20㎡／156.79㎡

建築・設計：Eureka | 施工：水上建設 | 造園：荻野寿也景観設計 | テキスタイル：オンデルデリンデ | 写真：大倉英揮

エキップ一級建築士事務所

equip　伊達宏晶

2011年設立。新築リノベーション問わず家づくりをメインに活動。不動産と建築の垣根を取り払い、一緒に物件探しから携わることも。「空間全体を活かしたシンプルかつ居心地の良さを重視したプランニング」を心がけています。

森に降りる家　長野県 | 1,819㎡／131.94㎡

建築・設計：伊達宏晶／柳本英嗣 | 施工：大井

〒108-0072 東京都港区白金6-21-10
TEL 03-6721-7442
FAX 03-6721-7446
info@ekip.co.jp
ekip.co.jp

- ■ House
- ■ Shop
- □ Public
- □ Furniture
- □ Product
- ■ Renovation
- □ Exhibition
- ■ Office
- □ Interior
- □ Graphic
- □ Other

1・2・house　東京都 | 86.72㎡／136.44㎡

建築・設計：伊達宏晶／山橋 努 | 施工：ODA建設

北林泉の家　岐阜県 | 730.55㎡／295.33㎡

建築・設計：伊達宏晶／柳本英嗣／山本浩美 | 施工：メトーカケフ

通り庭の家　東京都 | 84.09㎡／90.12㎡

建築・設計：伊達宏晶／柳本英嗣 | 施工：ODA建設

S設計室
S Design Studio Inc. 白石 圭

1977年千葉県生まれ。2002年東京藝術大学美術学部建築科卒業。2008年クランブルックアカデミーオブアート建築科修了。
2009-2011年N設計室勤務。2011年S設計室開設。2020年「北小金のいえ」で住宅建築賞受賞（東京建築士会）。

北小金のいえ 　千葉県｜144.28㎡／96.01㎡

建築・設計：白石 圭／中島 壮／橋本圭央｜施工：S設計室｜写真：本城直季

〒113-0033 東京都文京区本郷2-39-7 エチソウビル3F
TEL 03-6670-7133
FAX 03-3868-2979
ssekkeishitsu.com

■ House　■ Shop　■ Public
■ Furniture　■ Product　■ Renovation
■ Exhibition　■ Office　■ Interior
■ Graphic　■ Other

西新井のいえ　東京都｜－／101.25㎡（施工床面積）

建築・設計：白石 圭／橋本圭央／康 未来｜施工：ハイカラ｜写真：本城直季

飯能のカフェといえ　埼玉県｜227.08㎡／114.48㎡

建築・設計：白石 圭／藤枝隆介｜施工：ばんだい東洋建設｜写真：本城直季

市が尾のいえ　神奈川県｜－／87.05㎡（施工床面積）

建築・設計：白石 圭｜施工：S設計室｜写真：本城直季

MDS

MDS Co.Ltd Architectural Studio　森 清敏／川村奈津子

森 清敏:1994年東京理科大学大学院修士課程修了。1994年 -大成建設設計部。2003年 -MDS共同主宰。現在、日本大学、東京理科大学非常勤講師。川村奈津子:1994年京都工芸繊維大学工芸学部造形工学科卒業。1994年 -大成建設設計部。2002年 MDS設立。現在、東洋大学非常勤講師。共著『暮らしの空間デザイン手帖』。

成城の家　東京都｜109.37㎡／130.22㎡

建築・設計:森 清敏／川村奈津子｜施工:山菱工務店｜写真:西川公朗

〒107-0062 東京都港区南青山5-4-35♯907
TEL 03-5468-0825
FAX 03-5468-0826
info@mds-arch.com
www.mds-arch.com

■ House　　■ Shop　　□ Public

■ Furniture　□ Product　■ Renovation

□ Exhibition　■ Office　　■ Interior

□ Graphic　　■ Other

秋田の家　秋田県 | 104.02㎡／77.83㎡

建築・設計：森 清敏／川村奈津子 | 施工：加藤建設 | 写真：奥村浩司（フォワードストローク）

掬光庵　埼玉県 | 103.27㎡／80.03㎡

建築・設計：森 清敏／川村奈津子 | 施工：内田産業 | 写真：西川公朗

小長谷亘建築設計事務所

WATARU OBASE ARCHITECTS　小長谷亘

1998年東京理科大学理工学部建築学科卒業。2000年東京理科大学大学院修士課程（小嶋研究室）修了。2000-2005年手塚貴晴＋手塚由比／手塚建築研究所（2003年より手塚建築研究所副代表）。2005年一級建築士事務所 小長谷亘建築設計事務所設立。2014年グッドデザイン賞2014受賞。

玉園台の家　東京都｜372.56㎡／148.64㎡

建築・設計：小長谷亘｜施工：北芝建設｜照明設計：内藤真理子（コモレビデザイン）｜構造設計：鈴木 啓（ASA）

〒194-0041 東京都町田市玉川学園3-24-4

TEL 042-851-7763

FAX 042-851-7764

info@obase-arch.com

http://www.obase-arch.com

■ House　　■ Shop　　■ Public

■ Furniture　■ Product　■ Renovation

□ Exhibition　■ Office　　■ Interior

□ Graphic　　■ Other

八王子の家　東京都 | 165.28㎡／95.01㎡

建築・設計：小長谷 亘｜施工：シグマ建設｜照明設計：内藤真理子（コモレビデザイン）｜構造設計：桑子 亮（桑子建築設計事務所）｜プロデュース：ザハウス

月見坂の家　東京都 | 162.84㎡／98.53㎡

建築・設計：小長谷 亘｜施工：木匠工務店｜照明設計：内藤真理子（コモレビデザイン）｜構造設計：鈴木 啓（ASA）｜プロデュース：ザハウス

六方晶の家　東京都 | 125.07㎡／94.18㎡

建築・設計：小長谷 亘｜施工：栄港建設｜照明設計：内藤真理子（コモレビデザイン）｜構造設計：桑子 亮（桑子建築設計事務所）

Office for Environment Architecture

吉永規夫

大阪を拠点に、ちいさな小屋の修理から、住宅、店舗など、新築、改修問わず、環境と建築のより良い関係を目指して日々取り組んでいる。主な活動に、大阪長屋のリノベーションシリーズのヨシナガヤがあり、現在24軒を数える。

ヨシナガヤ016　大阪府｜ー／71.71㎡

建築・設計：吉永規夫｜施工：キドビル工務店｜写真：大坊崇

〒547-0044 大阪府大阪市平野区平野本町2-1-15

TEL 06-7175-4715

FAX 06-7635-5488

info@ofea.jp

www.ofea.jp

■ House　　■ Shop　　■ Public

■ Furniture　■ Product　■ Renovation

■ Exhibition　■ Office　　■ Interior

■ Graphic　　■ Other

くすのき階段の家　大阪府｜104.89㎡／129.27㎡

建築・設計：吉永規夫｜施工：じょぶ｜写真：多田ユウコ

佐世保のリノベーション　長崎県｜371.66㎡／86.10㎡

建築・設計：吉永規夫／吉永京子｜施工：池田良工務店｜写真：針金洋介

Nコーポのリノベーション　大阪府｜－／60.78㎡

建築・設計：吉永規夫｜施工：キドビル工務店｜写真：大坊崇

吉デザイン設計事務所
KICHI ARCHITECTURAL DESIGN　吉川直行

茨城県生まれ。神奈川大学建築学科卒業後、イタリアへ留学、帰国後MUJIHOUSEを経て2005年に吉デザイン設計事務所を設立。
シンプルな中にあるミニマムな美しさ、豊かさ、場のエネルギーに融合した空間づくりを追求している。

Nostalgic House　茨城県｜184.11㎡／134.97㎡

建築・設計：吉川直行｜施工：高島建設｜写真：新澤一平

〒305-0817 茨城県つくば市研究学園4-6-3
TEL 029-886-5682
FAX 029-886-5682
kichi@kichi-d.info
www.kichi-d.com

■ House　　■ Shop　　□ Public
□ Furniture　□ Product　■ Renovation
□ Exhibition　■ Office　　■ Interior
□ Graphic　　□ Other

Forest Living　茨城県 | 476.48㎡／111.32㎡

建築・設計：吉川直行 | 施工：高島建設 | 写真：澤﨑信孝

Cover House　茨城県 | 199.66㎡／121.72㎡

建築・設計：吉川直行 | 施工：高島建設 | 写真：新澤一平

キノアーキテクツ
KINO architects　木下昌大

木下昌大を中心に京都と東京の2拠点で活動する建築設計事務所。「最適化する建築」をコンセプトに、一つの設計手法にこだわらず、与条件を超える設計を行う。住宅、保育園、ホテル、墓地、ショールームなど作品は多岐にわたる。

山の家　千葉県 | 6,458.33㎡／160.93㎡

建築・設計：木下昌大 | 施工：網代工務店 | 造園：en 景観設計 | 写真：阿野太一

〒161-0033　東京都新宿区下落合2-16-2
〒604-8276 京都府京都市中京区小川通り御池下る壺屋町442-3F
TEL 03-6908-3460（東京）／075-354-6765（京都）
pr@kinoarchitects.com
www.kinoarchitects.com

- ■ House　■ Shop　■ Public
- ■ Furniture　□ Product　■ Renovation
- ■ Exhibition　■ Office　■ Interior
- □ Graphic　■ Other

Lean-to House　東京都｜259.04㎡／151.45㎡

建築・設計：木下昌大｜施工：TANK｜写真：中村 絵

シロビル　東京都｜205.93㎡／368.96㎡

建築・設計：木下昌大／石黒大輔｜施工：ブライト｜写真：中村 絵

KIRI ARCHITECTS
KIRI ARCHITECTS　桐 圭佑

家族同士であってもひとりひとりが居心地よく、ほど良い距離感のある居場所をつくることが大切だと考えています。
1985年北海道生まれ。藤本壮介建築設計事務所を経て、2017年 KIRI ARCHITECTS設立。

25°　北海道｜－／85.2㎡

建築・設計：桐 圭佑｜施工：リノベーションクラフト｜写真：佐々木育弥

info@kiri-architects.com
www/kiri-architects.com

■ House　　■ Shop　　■ Public
■ Furniture　□ Product　■ Renovation
■ Exhibition　■ Office　　■ Interior
□ Graphic　　□ Other

ROOM403　東京都 | ー/57.5㎡

建築・設計：桐 圭佑 | 施工：ビーンズ | 写真：永井杏奈

西永福の家　東京都 | ー/83.4㎡

建築・設計：桐 圭佑 | 施工：ビーンズ | 写真：永井杏奈

ひばりヶ丘の家　東京都 | 100.3㎡/79.3㎡

建築・設計：桐 圭佑 | 施工：シグマ建設 | 写真：永井杏奈

久保都島建築設計事務所

Kubo Tsushima Architects Co., Ltd. 久保秀朗／都島有美

久保秀朗と都島有美により2011年に設立。主な受賞に日本建築学会作品選集 新人賞（2017）、AR AWARDS（2016）、JCD DesignAward金賞（2016）、Prix Versailles（2020）など。

石神井の家　東京都｜90㎡／85㎡

建築・設計：久保秀朗／都島有美｜施工：山下工務店｜構造設計：田村 愛（TIS＆PARTNERS）｜写真：ナカサアンドパートナーズ

〒150-0001 東京都渋谷区神宮前2-16-9 フタミビル301号室

TEL 03-6459-2059

FAX 03-6459-2059

info@kbtsm.com

www.kbtsm.com

■ House　　■ Shop　　■ Public

□ Furniture　□ Product　■ Renovation

■ Exhibition　■ Office　　■ Interior

□ Graphic　　□ Other

鎌倉の家　神奈川県 ｜ －／192㎡

建築・設計：久保秀朗／都島有美 ｜ 施工：Jlab ｜ 企画コンサルティング：リビタ ｜ 写真：小野寺宗貴

菊名の家　神奈川県 ｜ 104㎡／98㎡

建築・設計：久保秀朗／都島有美 ｜ 施工：友伸建設 ｜ 構造設計：川田知典構造設計 ｜ 企画：斉藤大輔（NENGO）｜ 写真：藤井浩司（TOREAL）

倉橋友行建築設計室

Tomoyuki Kurahashi Architectural Design Office　倉橋友行（KADO）

中部地方を中心に住宅・別荘・医院等から建築にまつわるプロダクトまでの設計・監理・制作。地と人と建築が永続的に共存する棲家を目指して設計。崖地・平屋など。名城大学理工学部建築学科卒業／海外放浪／2001-2006年建築事務所勤務／2008年倉橋友行建築設計室設立／すまいる愛知住宅賞知事賞受賞、中部建築賞受賞／専門雑誌・書籍等掲載。

yo house　愛知県｜352.81㎡／131.79㎡

建築・設計：倉橋友行建築設計室｜施工：箱屋｜鉄制作：金森正起｜造園：庭アトリエ｜構造：ワークショップ

〒444-0035 愛知県岡崎市菅生町深沢21-1 シャンボール岡崎504
TEL 090-6586-1709
yukitmo@hotmail.co.jp
tk-ado.com

■ House　　■ Shop　　■ Public
■ Furniture　■ Product　■ Renovation
□ Exhibition　■ Office　　■ Interior
■ Graphic　　□ Other

ano house　愛知県 | 330.12㎡／89.44㎡

建築・設計：倉橋友行建築設計室｜施工：箱屋｜雑器制作：KADO｜造園：櫻井造景舎｜構造：ワークショップ

ftu house　愛知県 | 325.33㎡／86.95㎡

建築・設計：倉橋友行建築設計室｜施工：山崎建設｜雑器制作：KADO｜造園：谷山造園

桑田豪建築設計事務所

GO KUWATA ARCHITECTS & ASSOCIATES　桑田 豪

1970年豪州シドニー生まれ。1994年京都大学工学部建築学科卒業。1997年京都大学大学院工学研究科修士課程修了。1997-2002年妹島和世建築設計事務所、SANAA。2002年-桑田豪建築設計事務所。2019年日本建築設計学会賞、グッドデザイン賞受賞。熊本県立大学准教授、明治大学、日本大学、武蔵野美術大学非常勤講師歴任。

ビルノタニマノイエ　東京都｜123.37㎡／183.95㎡

建築・設計・インテリアデザイン：桑田 豪｜施工：イケダ工務店｜写真：中山保寛／桑田豪建築設計事務所

〒160-0022 東京都新宿区新宿1-23-11-8F

TEL 03-6457-7480

www.gokuwata.com

■ House　　■ Shop　　■ Public

□ Furniture　□ Product　■ Renovation

□ Exhibition　□ Office　　■ Interior

□ Graphic　　■ Other

サンカクヤネノイエ　栃木県 | 378.93㎡／109.77㎡

建築・設計：桑田 豪 | 施工：イケダ工務店 | 写真：桑田豪建築設計事務所

スキップフロアノイエ　東京都 | 36.43㎡／71.09㎡

建築・設計・インテリアデザイン：桑田 豪 | 施工：江中建設 | 写真：桑田豪建築設計事務所

桑原茂建築設計事務所
Shigeru Kuwahara Architects　桑原 茂

1971年東京都生まれ。1994年東京都市大学工学部建築学科卒業。1996年南カリフォルニア建築大学大学院中退。1997年コロンビア大学大学院建築都市修景学部卒業。1997-98年 Greg Lynn Form。1998-2000年 SHoP。2003年一級建築士事務所桑原茂建築設計事務所設立。2018年 -相模女子大学生活デザイン学科教授。

いつも日なた、日かげ　千葉県 | 476.82㎡／121.08㎡(1階床面積)

建築・設計:桑原 茂 | 施工:吉田工務店／松本家具 | 造園:Q GARDEN | 写真:鳥村鋼一

〒215-0021 神奈川県川崎市麻生区上麻生3-10-55
info@swerve.jp
swerve.jp

■ House　　■ Shop　　□ Public

□ Furniture　□ Product　□ Renovation

□ Exhibition　■ Office　■ Interior

□ Graphic　　□ Other

森の山荘　　長野県 | 1,514.00㎡／79.48㎡

建築・設計・写真：桑原 茂 | 施工：長田工務店

あざみ野の家　　神奈川県 | 130.91㎡／117.88㎡

建築・設計：桑原 茂 | 施工：栄港建設 | 造園：plus PLANTS | 写真：鳥村鋼一

GEN INOUE
井上 玄　Gen Inoue

自分自身の移住や多拠点居住の体験をいかし、「職遊融合」の働き方やセカンドハウスを活用した多拠点居住など様々な暮らし方を受けとめ、その良さを最大限に引き出す新しい住まいの"カタチ"を提案したいと思っています。

山のセカンドハウス　神奈川県 | 395.71㎡／139.99㎡

建築・設計：GEN INOUE | 構造設計：木下洋介構造計画 | 照明設計：久保隆文（Mantle） | 施工：テクノアート | 写真：井上 玄

〒231-0003 神奈川県横浜市中区北仲通4-45 松島ビル4F

TEL 045-298-1930

contact@architect.bz

www.architect.bz

■ House　　□ Shop　　■ Public

□ Furniture　　□ Product　　□ Renovation

□ Exhibition　　□ Office　　□ Interior

□ Graphic　　□ Other

お隣と共有する「第2のGL」をもつ家　神奈川県 | 246.43㎡／103.96㎡

建築・設計：GEN INOUE｜構造設計：諏訪部建築事務所｜施工：テクノアート｜写真：井上 玄

軽井沢の別荘　長野県 | 711.19㎡／203.85㎡

建築・設計：GEN INOUE｜構造設計：木下洋介構造計画｜照明設計：久保隆文（Mantle）｜施工：新津組｜写真：山内紀人

大屋根が繋ぐSOHO　埼玉県 | 138.81㎡／138.61㎡

建築・設計：GEN INOUE｜構造設計：木下洋介構造計画｜照明設計：久保隆文（Mantle）｜施工：栄伸建設｜写真：井上 玄

建築士事務所エクリアーキテクツ

écrit architects　林 伸嘉／海藤 洋／藪下恵理

écrit architects とはフランス語でそれぞれ「文字」と「建築」を意味します。それらはどちらも「想いを残す」という共通点があります。想いを残し伝えることで時を越えて特別な存在になる場所。私たちはそんな家づくりに取り組んでいます。

知多の家　愛知県｜290㎡／180㎡

建築・設計：林 伸嘉｜物件担当：吉野加奈子｜施工：恒工務店｜構造設計：安江一平（ワークショップ）｜造園：舘 俊介（LIVING DESIGN）｜キッチン：竹内亜希（atelier Neu）｜写真：多田ユウコ

〒466-0853 愛知県名古屋市昭和区川原通3-5 104

TEL 052-700-3897

FAX 052-700-3935

contact@ecrit.jp

ecrit.jp

■ House　　■ Shop　　□ Public

□ Furniture　□ Product　■ Renovation

□ Exhibition　□ Office　　□ Interior

□ Graphic　　□ Other

山の手の家　　愛知県 | 130㎡／110㎡

建築・設計:海藤 洋 | 物件担当:遠藤 愛 | 施工:山幸建設 | 構造設計:安江一平（ワークショップ）| キッチン:竹内亜希（atelier Neu）| 写真:多田ユウコ

上地町の家　　三重県 | 240㎡／100㎡

建築・設計:林 伸嘉 | 施工:奥野建設 | 構造設計:安江一平（ワークショップ）| 造園:鈴木錬美（東万）| キッチン:竹内亜希（atelier Neu）| 写真:多田ユウコ

一宮の家　　愛知県 | 490㎡／110㎡

建築・設計:薮下恵理 | 施工:恒工務店 | 構造設計:安江一平（ワークショップ）| 造園:舘 俊介（LIVING DESIGN）| 写真:武藤 健二（LUCKIIS）

建築設計事務所 可児公一植美雪

KANIUE ARCHITECTS　可児公一／植美雪

可児公一、植美雪による建築家ユニット。
予算、規模、構造等にかかわらず、常に新しい価値の創造を目指す。
表層的、形式的なものではなく、肩肘を張らず廃れない本質的な価値のあるものを作りたい。

KUGENUMA-Y　神奈川県｜185.67㎡／102.89㎡

建築・設計：可児公一／植美雪｜施工：大同工業｜構造設計：鈴木啓（ASA）｜写真：ナカサアンドパートナーズ

〒247-0055 神奈川県鎌倉市小袋谷2-15-30

TEL 0467-95-0767

FAX 0467-95-0767

office@kaniue.com

http://www.kaniue.com

■ House　　■ Shop　　■ Public

■ Furniture　■ Product　■ Renovation

■ Exhibition　■ Office　　■ Interior

■ Graphic　　■ Other

YUKISHIMO-K　岡山県 | 914.30㎡／115.55㎡

建築・設計：可児公一／植美雪 | 施工：梶岡建設 | 構造設計：鈴木啓（ASA）| 写真：ナカサアンドパートナーズ

SOJA-O　岡山県 | 185.60㎡／86.12㎡

建築・設計：可児公一／植美雪 | 施工：梶岡建設 | 構造設計：鈴木啓（ASA）| 写真：ナカサアンドパートナーズ

SHICHIRI-Y　神奈川県 | 209.58㎡／126.22㎡

建築・設計：可児公一／植美雪 | 施工：大同工業 | 構造設計：鈴木啓（ASA）| 写真：ナカサアンドパートナーズ

建築設計事務所SAI工房
SAI Architect　斉藤智士

1986年京都府綾部市生まれ。京都造形芸術大学卒業。広渡建築設計事務所を経て2013年建築設計事務所SAI工房を設立。
2017年より修成建設専門学校非常勤講師。

堰の家　大阪府 | 178.04㎡／99.03㎡

建築・設計：斉藤智士｜施工：池正｜造園：古鍛治達也（植物事務所コカジ）｜建築家不動産：久山 敦｜構造設計：安江一平（ワークショップ）｜写真：山内紀人

〒666-001 兵庫県川西市美園町3-3-13
TEL 072-714-0248
FAX 072-714-0248
info@saito-ao.com
https://www.saito-ao.com

■ House　■ Shop　□ Public
□ Furniture　□ Product　■ Renovation
□ Exhibition　■ Office　□ Interior
□ Graphic　□ Other

1+の家　大阪府 | 541.08㎡／112.6㎡

建築・設計：斉藤智士 | 施工：池正 | 構造設計：安江一平（ワークショップ） | 写真：山内紀人

parenthes　福井県 | 332.64㎡／172.1㎡

建築・設計：斉藤智士 | 施工：ARCREA | 構造設計：安江一平（ワークショップ） | 写真：山内紀人

wall paper　京都府 | 184.01㎡／93.99㎡

建築・設計：斉藤智士 | 施工：JED | 造園：古鍛治達也（植物事務所コカジ） | 構造設計：安江一平（ワークショップ） | 写真：山内紀人

後藤周平建築設計事務所

SHUHEI GOTO ARCHITECTS　後藤周平

1982年静岡県磐田市生まれ。京都工芸繊維大学工芸学部造形工学科、同大学院博士前期課程修了。中山英之建築設計事務所を経て後藤周平建築設計事務所設立。一級建築士。2015年グッドデザイン賞、2020年 Dezeen Awards 2020 など受賞。2019年-静岡理工科大学非常勤講師。

公園に暮らす家　兵庫県｜85.37㎡／117.57㎡

建築・設計：伊達 翔／後藤周平｜構造設計：高橋俊也構造建築研究所｜写真：長谷川健太

092

〒438-0077 静岡県磐田市国府台2-3
info@shuheigoto.com
shuheigoto.com

■ House　　■ Shop　　■ Public
■ Furniture　■ Product　■ Renovation
■ Exhibition　■ Office　　■ Interior
□ Graphic　　■ Other

静岡の家　静岡県 | 102.34㎡／85.74㎡

建築・設計：後藤周平 | 構造協力：高橋俊也構造建築研究所 | 写真：長谷川健太

小笠の浮き家　静岡県 | 651.81㎡／119.65㎡

建築・設計：後藤周平 | 構造設計：金子武史構造設計事務所 | 写真：太田拓実

佐久間徹設計事務所

SAKUMASTUDIO　佐久間 徹

東京・吉祥寺を拠点として活動する建築設計事務所。「コミュニケーション」「気持ちよく暮らすこと」「敷地や周辺の環境を活かすこと」を大切に。かたちを考えることより、暮らしを考えることを優先にした設計を心がけている。

井の頭の家M　東京都｜173.45㎡／86.59㎡

建築・設計：佐久間徹設計事務所｜施工：匠陽｜造園：彩苑｜写真：見学友宙

〒180-0004 東京都武蔵野市吉祥寺本町4-32-26

TEL 0422-27-7121

FAX 0422-27-7123

info@sakumastudio.com

www.sakumastudio.com

■ House　　■ Shop　　■ Public

■ Furniture　□ Product　■ Renovation

□ Exhibition　■ Office　　□ Interior

□ Graphic　　■ Other

バイクとオーディオの家　東京都 | 74.62㎡／79.24㎡

建築・設計：佐久間徹設計事務所 | 施工：宮嶋工務店 | 造園：高橋園 | 写真：川辺明伸

吉祥寺本町四丁目の家　東京都 | 110.34㎡／102.89㎡

建築・設計：佐久間徹設計事務所 | 施工：匠陽 | 写真：石井雅義

御殿山の家　東京都 | 100.26㎡／91.63㎡

建築・設計：佐久間徹設計事務所 | 施工：匠陽 | 写真：石井雅義

佐々木勝敏建築設計事務所

Katsutoshi Sasaki + Associates　佐々木勝敏

1976年愛知県豊田市生まれ。1999年近畿大学工学部建築学科卒業。2008年佐々木勝敏建築設計事務所設立。2020年名古屋工業大学社会工学科博士前期課程修了。

畑の笠　愛知県 | 446.60㎡／82.67㎡

設計・写真：佐々木勝敏建築設計事務所｜施工：豊中建設｜構造：寺戸巽海構造計画工房

〒471-0845 愛知県豊田市田中町4-61-3
TEL 0565-29-1521
sasaki@sasaki-as.com
sasaki-as.com

■ House　　□ Shop　　□ Public
□ Furniture　□ Product　□ Renovation
□ Exhibition　■ Office　□ Interior
□ Graphic　　■ Other

堅の家　愛知県 | 184.00㎡／102.24㎡

設計・写真：佐々木勝敏建築設計事務所 | 施工：豊中建設 | 造園：園三 | 構造：寺戸巽海構造計画工房

上原の家　愛知県 | 441.10㎡／101.92㎡

設計・写真：佐々木勝敏建築設計事務所 | 施工：豊中建設 | 構造：寺戸巽海構造計画工房

法連町の家　愛知県 | 238.54㎡／97.37㎡

設計・写真：佐々木勝敏建築設計事務所 | 施工：丸長ホーム | 造園：園三 | 構造：寺戸巽海構造計画工房

SATO+ARCHITECTS

佐藤 充

1980年宮城県生まれ。2005年東北芸術工科大学大学院修了。2005-2009年早川邦彦建築研究室。2013年 SATO+ARCHITECTS
設立。東北芸術工科大学特別講師（2010年 -）、東北工業大学兼任講師(2011年 -）。

南光台東の家　宮城県 | 167.09㎡／141.32㎡

建築・設計：佐藤 充 | 施工：共栄ハウジング | 写真：中山保寛

〒980-0011 宮城県仙台市青葉区上杉1-1-31KHビル201

TEL 022-797-5417

FAX 022-797-5417

sato-plus@tsumg.com

sato-plus.com

■ House　　■ Shop　　■ Public

■ Furniture　■ Product　■ Renovation

■ Exhibition　■ Office　　■ Interior

☐ Graphic　　■ Other

郡山の家　宮城県 | 71.82㎡／81.54㎡

建築・設計：佐藤 充｜施工：共栄ハウジング｜写真：小関克郎

北山の家　宮城県 | 243.72㎡／128.54㎡

建築・設計：佐藤 充｜施工：共栄ハウジング｜写真：小関克郎

長命ヶ丘の家　宮城県 | 265.55㎡／84.86㎡

建築・設計：佐藤 充｜施工：共栄ハウジング｜写真：小関克郎

澤秀俊設計環境
SAWADEE 澤 秀俊

1983年岐阜県生まれ。名古屋工業大学、ミュンヘン工科大学を経て、2009年東京工業大学大学院修了。2011年テーラード・デザイン研究所共同設立。2014-2017年 VTN Architects ベトナム、ホーチミン事務所パートナーとして緑化建築・竹建築の設計に携わる。2018年澤秀俊設計環境／SAWADEE 設立。「循環を生み出す建築環境」をテーマに活動中。

川越の切妻屋根　埼玉県 | 250.12㎡／104.35㎡

建築・設計：澤 秀俊｜施工：木村工業｜写真：西嶋祐二

100

〒506-0045 岐阜県高山市赤保木町297

TEL 0577-32-6044

FAX 0577-32-6044

info@sawadee-hida.com

sawadee-hida.com

■ House ■ Shop ■ Public

■ Furniture ■ Product ■ Renovation

■ Exhibition ■ Office ■ Interior

■ Graphic ■ Other

飛騨古川 雪またじの屋根　岐阜県｜282.99㎡／214.23㎡

建築・設計：澤 秀俊｜施工：堀口工務店｜写真：西嶋祐二

南池袋のリノベーション　東京都｜－／73.35㎡

建築・設計：飯田智彦＋渡邊典文＋澤 秀俊（テーラード・デザイン研究所）｜施工：白川建設｜写真：西嶋祐二

70歳の原風景を取り戻す改修　石川県｜1,120.00㎡／293.52㎡

建築・設計：澤 秀俊＋飯田智彦＋渡邊典文（テーラード・デザイン研究所）｜施工：シモアラ｜写真：西嶋祐二

CO2WORKS一級建築士事務所

CO2WORKS　中渡瀬拡司

1977年静岡県富士市生まれ。2000年愛知工業大学卒業。2003年CO2WORKS一級建築士事務所設立。2011年‑愛知工業大学
非常勤講師。2008, 2015, 2018年すまいる愛知住宅賞。2009, 2010, 2012年GOODDESIGN賞。2011年INAXデザインコンテスト。
2013, 2016年中部建築賞。

駐車場のある家　愛知県 | 264.35㎡／135.35㎡

建築・設計：中渡瀬拡司 | 施工：トコロ

■ House　　□ Shop　　□ Public

□ Furniture　□ Product　□ Renovation

□ Exhibition　□ Office　　□ Interior

□ Graphic　　□ Other

崖に突き出す住宅　愛知県 | 168.24㎡／105.51㎡

建築・設計：中渡瀬拡司 | 施工：友八工務店

春日井の大屋根　愛知県 | 206.91㎡／119.48㎡

建築・設計：中渡瀬拡司 | 施工：友八工務店

ジオーグラフィック・デザイン・ラボ

GEO-GRAPHIC DESIGN LAB.　前田茂樹

大阪大学建築工学科卒業。東京藝術大学大学院中退。ドミニク・ペロー建築設計事務所（フランス）に2000-2010年勤務し大阪富国生命ビルを担当。ジオーグラフィック・デザイン・ラボを主宰し国内外の建築設計に携わる。神戸芸術工科大学、近畿大学にて非常勤講師。

写真：Yuna YAGI

TAKARAZUKA HUTS　兵庫県｜320.41㎡／221.43㎡

設計：ジオーグラフィック・デザイン・ラボ｜施工：ビームスコンストラクション｜造園：荻野寿也景観設計｜構造：満田衛資構造計画研究所｜照明：NEW LIGHT POTTERY｜写真：笹倉洋平

〒540-0031 大阪府大阪市中央区北浜東1-29-7F

TEL 06-4397-4744

FAX 06-4397-4748

contact@ggdl.net

ggdl.net

■ House　　■ Shop　　■ Public

■ Furniture　　■ Product　　■ Renovation

■ Exhibition　　■ Office　　■ Interior

■ Graphic　　■ Other（Landscape）

KARUIZAWA CAMP　長野県 | 2999.11㎡／221.43㎡

設計：ジオーグラフィック・デザイン・ラボ｜施工：丸山工務店｜造園：信州緑園｜構造：tmsd 萬田隆構造設計事務所｜照明：NEW LIGHT POTTERY｜写真：新建築社

SANAGOCHI KOMINKA　徳島県 | 約1800㎡／84.2㎡

設計：ジオーグラフィック・デザイン・ラボ／大阪工業大学前田研究室｜施工：日下建築

NISHINOMIYA SKIP　兵庫県 | 100.33㎡／136.56㎡

設計：ジオーグラフィック・デザイン・ラボ｜施工：ビームスコンストラクション｜構造：萬田隆構造計画研究所

塩田有紀建築設計事務所
SHIOTA YUKI ARCHITECT'S OFFICE　塩田有紀

名古屋を拠点とし、生き生きとした暮らしが生まれる空間を目指して家具や住宅から公共施設まで幅広く設計活動を行う。
日本建築学会東海賞、木材活用コンクール、愛知まちなみ建築賞、中部建築賞他受賞。東京都生まれ。

あそのびハウス　愛知県｜190.20㎡／161.52㎡

建築・設計・インテリアデザイン：塩田有紀｜施工：岡本建設｜写真：鈴木文人写真事務所

〒465-0088 愛知県名古屋市名東区名東本町29

TEL 052-783-1339

FAX 052-783-1339

syao@mac.com

shiotayuki.com

■ House　■ Shop　■ Public
■ Furniture　□ Product　■ Renovation
■ Exhibition　■ Office　■ Interior
□ Graphic　■ Other

谷あいのある家　愛知県 | 161.68㎡／267.90㎡

建築・設計・インテリアデザイン：塩田有紀 | 施工：岡本建設 | 照明：灯デザイン | 写真：鈴木文人写真事務所

杉木立のアトリエ　愛知県 | 513.12㎡／127.18㎡

建築・設計・インテリアデザイン：塩田有紀 | 施工：中島工務店 | 写真：フォワードストローク

重なりの家／庭　愛知県 | 200.69㎡／153.55㎡

建築・設計・インテリアデザイン：塩田有紀 | 施工：檜建設 | 写真：フォワードストローク

SHIP ARCHITECTS

SHIP一級建築士事務所　平山 真／斎藤裕美

斎藤裕美：ロンドン大学バートレット校卒業後、Make Architects勤務。帰国後、手塚建築研究所入所。
平山 真：早稲田大学卒業後、手塚建築研究所入所。2015年、斎藤とともにSHIP ARCHITECTS設立。
シンプルのなかに、特別な何かを。

森に浮かぶ　神奈川県｜493.87㎡／337.18㎡

建築・設計：平山 真／斎藤裕美｜構造：大野博史／中野勝仁（オーノJAPAN）｜照明：高橋 翔／三橋琴（EOSplus）｜植栽：石川圭一（10景）｜写真：矢野紀行

TEL 03-3401-7036
info@ship-arch.jp
www.ship-arch.jp

■ House　　□ Shop　　■ Public

■ Furniture　■ Product　■ Renovation

□ Exhibition　■ Office　　■ Interior

□ Graphic　　■ Other

原宿の家　　東京都｜123.92㎡／125.29㎡

建築・設計：平山 真／斎藤裕美｜施工：荒井良太（ROOVICE）｜構造：佐賀 修（佐賀田中建築研究所）｜写真：井澤一憲

篠崎弘之建築設計事務所

Hiroyuki Shinozaki & Associates, Architects　篠崎弘之

1978年栃木県生まれ。2002年東京藝術大学大学院美術研究科修了。2002年伊東豊雄建築設計事務所入所。2009年篠崎弘之建築設計事務所設立。Milano Salone2015にて 個展「Home in House」開催。東京建築士会住宅建築賞等受賞。現在、日本大学、東海大学非常勤講師。

House B　新潟県｜153.42㎡／114.12㎡

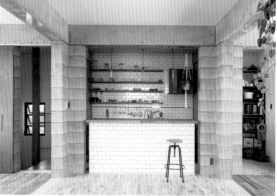

建築・設計：篠崎弘之／金沢 将｜施工：栗田工務店

110

〒151-0053 東京都渋谷区代々木5-7-9-301

TEL 03-3465-1993

FAX 03-6804-7311

contact@shnzk.com

www.shnzk.com

■ House　　■ Shop　　■ Public

■ Furniture　■ Product　■ Renovation

■ Exhibition　■ Office　　■ Interior

□ Graphic　　□ Other

House H　千葉県 | 161.82㎡／115.41㎡

建築・設計：篠崎弘之／松浦荘太 | 施工：広橋工務店

House M2　東京都 | 97.72㎡／139.60㎡

建築・設計：篠崎弘之／増田裕樹 | 施工：幹建設

House Y2　東京都 | 135.33㎡／116.30㎡

建築・設計：篠崎弘之／増田裕樹 | 施工：イケダ工務店

白子秀隆建築設計事務所
Shirako Hidetaka Architects & Associates　白子秀隆

1976年神奈川県生まれ。1998年東海大学工学部建築学科卒業。2000年東海大学大学院工学研究科修了。2000年インターデザインアソシエイツ入社。2003年若松均建築設計事務所入社。2008年白子秀隆建築設計事務所設立。

屋根の空地　神奈川県│180.74㎡／144.47㎡

建築・設計：白子秀隆／増山直輝│構造設計：OUVI│施工：日本住研│造園：植木屋AJITO│写真：上田 宏

〒213-0005 神奈川県川崎市高津区北見方2-17-12 SH-B

TEL 044-844-2563

FAX 044-844-2563

contact@shaa.jp

shaa.jp

■ House　■ Shop　■ Public
□ Furniture　□ Product　■ Renovation
□ Exhibition　■ Office　■ Interior
□ Graphic　□ Other

お花茶屋の住居　東京都 | 80.09㎡／99.78㎡

建築・設計：白子秀隆／増山直輝｜構造設計：OUVI｜施工：山庄建設｜写真：上田 宏

トオリドマのイエ　東京都 | 109.10㎡／91.08㎡

建築・設計：白子秀隆／増山直輝｜構造設計：楓工房｜インテリアデザイン：本間由紀子｜施工：リガード｜造園：GARDENS GARDEN｜プロデュース：R+house｜写真：野秋達也

屋移りの住居　東京都 | 260.46㎡／105.27㎡

建築・設計：白子秀隆／増山直輝｜構造設計：OUVI｜施工：山庄建設｜写真：上田 宏

SUEP
末光弘和／末光陽子

2007年設立。環境やエネルギーをテーマとして国内外で設計活動を行う。風や熱などのシミュレーション技術を駆使し、自然と建築が共生する新しい有機的建築のデザインを手がけている。

淡路島の住宅　兵庫県｜1,224.79㎡／285.28㎡

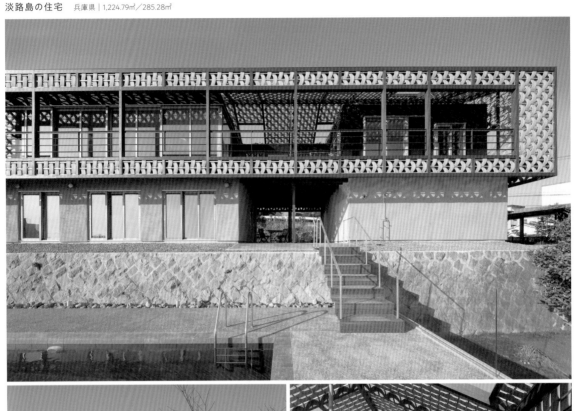

建築・設計・インテリアデザイン：末光弘和／末光陽子／田中建蔵（SUEP）｜施工：平尾工務店｜造園：原田造園｜外皮：野水瓦産業｜サッシ：山崎屋木工製作所｜写真：中村 絵

〒158-0082 東京都世田谷区等々力2-16-3-301

TEL 03-6411-6728

FAX 03-5707-6707

info@suep.jp

http://www.suep.jp

■ House　　　■ Shop　　　■ Public

■ Furniture　□ Product　■ Renovation

■ Exhibition　■ Office　　■ Interior

□ Graphic　　■ Other

傘の家　福岡県 | 795.32㎡／156.09㎡

建築・設計・インテリアデザイン：末光弘和／末光陽子 | 施工：大藪組 | 造園：藤吉園芸場 | 写真：中村 絵

浅草のリノベーション　東京都 | 147.63㎡／258.37㎡

建築・設計・インテリアデザイン：末光弘和／末光陽子 | 施工：TANK | 写真：中村 絵

清里のグラスハウス　山梨県 | 2,203.51㎡／245.97㎡

建築・設計・インテリアデザイン：末光弘和／末光陽子 | 施工：山口工務店 | 造園：八ヶ岳グリーンサービス | 写真：中村 絵

すずき

suzuki architects　山村尚子／鈴木宏亮

山村尚子：1983年神奈川県生まれ。2006年武蔵野美術大学卒業。2006-2014年手塚建築研究所。2014年〜一級建築士事務所 すずき。2017年〜武蔵野美術大学非常勤講師。鈴木宏亮：1978年静岡県生まれ。2004年東京都市大学大学院修了。2004-2013年手塚建築研究所。2011年一級建築士事務所 すずき設立。

二重縁側の家　東京都｜−／108.03㎡

建築・設計：山村尚子／鈴木宏亮｜施工：ホームビルダー｜写真：長谷川健太

〒152-0023 東京都目黒区八雲5-10-21-403

TEL 03-6421-4653

FAX 03-6421-4674

info@suzuki-a.com

suzuki-a.com

■ House　■ Shop　■ Public

■ Furniture　□ Product　■ Renovation

□ Exhibition　□ Office　■ Interior

■ Graphic　□ Other

gré・正方形の家　静岡県 | 90.83㎡／73.44㎡

建築・設計：山村尚子／鈴木宏亮 | 施工：桑高建設 | 構造設計：大川誠治（soso） | 写真：長谷川健太

smooth wall house　東京都 | －／107.31㎡

建築・設計：山村尚子／鈴木宏亮 | 施工：田工房／写真：長谷川健太

窓と風の家　東京都 | 86.04㎡／129.38㎡

建築・設計：山村尚子／鈴木宏亮 | 施工：ホームビルダー | 構造設計：中原英隆（Q&Architecture）／大川誠治（soso） | 写真：長谷川健太

STUDIO COCHI ARCHITECTS

五十嵐敏恭

1984年埼玉県生まれ。2006年ものつくり大学卒業。2006年 -2014年有限会社門一級建築士事務所勤務。2014年 STUDIO COCHI ARCHITECTS設立。2019年 ARCHITECTURE ASIA AWARDS FOR EMERGING ARCHITECTS Bronze medal。

玉城の家　　沖縄県 | 651.32㎡／105.72㎡

建築・設計：五十嵐敏恭 | 写真：神宮巨樹

118

info@studiocochiarchitects.jp
studiocochiarchitects.jp

■ House　■ Shop　■ Public
■ Furniture　☐ Product　■ Renovation
☐ Exhibition　■ Office　☐ Interior
☐ Graphic　■ Other

恩納村の家　沖縄県 | 246.98㎡／134.72㎡

建築・設計：五十嵐敏恭 | 写真：STUDIO COCHI ARCHITECTS

富里の家　沖縄県 | 980.88㎡／108.04㎡

建築・設計：五十嵐敏恭 | 写真：神宮巨樹

中城の家　沖縄県 | 174.73㎡／113.65㎡

建築・設計：五十嵐敏恭 | 写真：STUDIO COCHI ARCHITECTS

119

須藤剛建築設計事務所
Tsudou Design Studio　須藤 剛

1980年埼玉県生まれ。北川原温建築都市研究所など設計事務所勤務を経て2012年事務所設立。住宅を中心に店舗、オフィス、まちづくりなど幅広く設計している。

銚子の住宅　千葉県 | 149.01㎡／165.06㎡

建築・設計：須藤 剛 | 施工：信太組 | 写真：長谷川健太

〒171-0032 東京都豊島区雑司が谷3-3-14-102

TEL 03-5944-9095

FAX 03-5944-9096

info@tsudou.jp

tsudou.jp

■ House　　■ Shop　　■ Public

■ Furniture　■ Product　■ Renovation

■ Exhibition　■ Office　　■ Interior

□ Graphic　　■ Other

狛江の住宅　東京都 | 175.63㎡／102.77㎡

建築・設計：須藤 剛｜施工：バレックス｜写真：長谷川健太

成城の並列長屋　東京都 | 182.10㎡／196.63㎡

建築・設計：須藤 剛｜施工：バレックス｜写真：長谷川健太

平町の住宅　東京都 | 160.32㎡／253.10㎡

建築・設計：須藤 剛｜施工：栄伸建設｜写真：長谷川健太

Cell Space Architects

セルスペース　早草睦恵

1963年生まれ。1991年セルスペース設立し現在に至る。自然を感じられ、心地よく包まれるような空間をつくることを心がけている。

屏風絵の家　長野県 | 953.30㎡／125.51㎡

建築・設計：Cell Space Architects｜施工：堀内組｜写真：新建築社

〒146-0085 東京都大田区久が原3-12-3
TEL 03-5748-1011
FAX 03-5748-1012
mutsu@c.email.ne.jp
https://www.cell-space.com/

■ House　■ Shop　■ Public
■ Furniture　□ Product　■ Renovation
■ Exhibition　■ Office　■ Interior
□ Graphic　□ Other

L型キャンチレバーの家　長野県 | 1,885.64㎡／157.17㎡

建築・設計:Cell Space Architects | 施工:竹花組 | 写真:鳥村鋼一

山麓の家－軽井沢　長野県 | 416.20㎡／98.28㎡

建築・設計:Cell Space Architects | 施工:堀内組 | 写真:鳥村鋼一

ソルト建築設計事務所

西岡梨夏

1980年生まれ。2003年九州芸術工科大学（現九州大学）卒業。2003年大石和彦建築アトリエ入所。2011年ソルト建築設計事務所設立。2013年第26回福岡県美しいまちづくり建築賞住宅の部大賞、2017年住まいの環境デザイン・アワード2017九州の家賞など受賞。

loophole　福岡県｜183.57㎡／117.33㎡

建築・設計：西岡梨夏｜施工：藤匠住宅｜サポート：フォルツァ

〒810-0014 福岡県福岡市中央区平尾3-17-12-302
TEL 092-791-9037
info@salt-arch.com
https://salt-arch.com//

- ■ House ■ Shop ■ Public
- ☐ Furniture ☐ Product ■ Renovation
- ☐ Exhibition ■ Office ■ Interior
- ☐ Graphic ☐ Other

obi house 　福岡県 | 232.96㎡／151.44㎡

建築・設計：西岡梨夏 | 施工：筑羽工務店

始良の家 　鹿児島県 | 487.57㎡／135.00㎡

建築・設計：西岡梨夏 | 施工：丸玉

Framing house 　福岡県 | 399.64㎡／234.82㎡

建築・設計：西岡梨夏 | 施工：溝江建設 | サポート：フォルツァ 北九州

125

タトアーキテクツ
Tato Architects　島田 陽

1972年生。1997年京都市立芸術大学大学院修了後、直ちにタトアーキテクツ設立。第29回吉岡賞／第1回日本建築設計学会賞大賞／Dezeen Awards 2018 House of the Year受賞等。著書に『日常の設計の日常』等。神戸大学等非常勤講師。京都芸術大学客員教授。

伊丹の住居　兵庫県 | 59.16㎡／96.88㎡

建築・設計：島田 陽／小田真平（タトアーキテクツ） | 施工：衣川隆博（コハツ） | 構造：橋本一郎（エス・キューブ・アソシエイツ） | 写真：鳥村鋼一

白楽の住居　神奈川県 | 243.09㎡／91.90㎡

建築・設計：島田 陽／今井康恵（タトアーキテクツ）｜施工：片岡 大（青）／石坂勇貴（青）｜造園：植物事務所COCA-Z｜構造：萬田 隆／加藤泰二郎（tmsd萬田隆構造設計事務所）｜写真：新建築社

園部の住居　京都府 | 331.15㎡／120.57㎡

建築・設計：島田 陽／今井康恵（タトアーキテクツ）｜施工：尚建企画｜造園：植物事務所COCA-Z｜構造：萬田 隆／加藤泰二郎（tmsd萬田隆構造設計事務所）｜写真：新建築社／笹倉洋平／大竹央祐

〒650-0002 兵庫県神戸市中央区北野町2-13-23
TEL 078-891-6382
FAX 078-891-6620
info@tat-o.com
http://tat-o.com/

■ House　　　■ Shop　　　■ Public

■ Furniture　■ Product　　■ Renovation

■ Exhibition　■ Office　　　■ Interior

■ Graphic　　■ Other

ハミルトンの住居　オーストラリア｜472㎡／185㎡

建築・設計：島田 陽／石井千尋（タトアーキテクツ）／Phorm architecture｜施工：MCD Construction｜造園：Andrew Ackland（Green Outlook）
構造：Rod Bligh（Bligh Tanner）｜写真：Christopher Frederick Jones

高槻の住居　大阪府｜114.61㎡／96.05㎡

建築・設計：島田 陽／安田 陽（タトアーキテクツ）｜施工：尚建企画｜造園：植物事務所COCA-Z｜構造：萬田 隆／加藤泰二郎（tmsd萬田隆構造設計事務所）｜写真：新建築社

129

ダトリエ一級建築士事務所

datelier　濱田拓也／山田久美子

ダトリエが創るのは、モノではなく、記憶。〜記憶の舞台としての空間の創出〜
ダトリエは、場や素材が持つ特色と、何よりそこに或る住み手とが生かされる空間と細部を、今現在と未来において
考察します。ダトリエがこれまで設計した建物のエリア：東北、関東、北陸、東海、近畿、四国

逗子の家 ・神奈川県 | 168.39㎡／124.31㎡

建築・設計：ダトリエ一級建築士事務所 | 写真：ケイ・エスト・ワークス

130

〒154-0022 東京都世田谷区梅丘1-19-9-201

TEL 03-6434-9683

FAX 03-6434-9684

info@datelier.tokyo

https://datelier.tokyo

■ House	□ Shop	□ Public
□ Furniture	□ Product	■ Renovation
□ Exhibition	□ Office	■ Interior
□ Graphic	□ Other	

三浦の家　神奈川県 | 143.01㎡／96.05㎡

建築・設計：ダトリエ一級建築士事務所 | 写真：ケイ・エスト・ワークス

東員の家　三重県 | 198.27㎡／120.56㎡

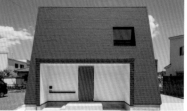

建築・設計：ダトリエ一級建築士事務所

桑名の家　三重県 | 328.55㎡／216.20㎡

建築・設計：ダトリエ一級建築士事務所

ツクリト建築設計事務所

Tukurito Architects　高田昌彦

静岡県生まれ。日本大学工学部建築学科卒業。2012年ツクリト建築設計事務所を設立。静岡県東部を拠点として、住宅、店舗、宿泊施設などを設計。グッドデザイン賞、中部建築賞、家づくり大賞、住まいの文化賞を受賞。

原田の家　静岡県 | 352.32㎡／138.70㎡

建築・設計：高田昌彦 | 施工：大栄工業 | 写真：傍島利浩

〒410-0882 静岡県沼津市町方町70 2F
TEL 090-1862-0885
masahi_ta@yahoo.co.jp
www.tukurito.com

■ House　　　■ Shop　　　■ Public
■ Furniture　■ Product　■ Renovation
■ Exhibition　■ Office　　■ Interior
■ Graphic　　■ Other

カミトガリの家　静岡県 | 148.98㎡／105.64㎡

建築・設計：髙田昌彦｜施工：サンケン工務店｜造園：植相勇太（…andgreen）｜写真：傍島利浩

裾野の家　静岡県 | 412.77㎡／116.29㎡

建築・設計：髙田昌彦｜施工：秀工務店｜造園：有賀貴穂（有賀庭園設計室）｜写真：傍島利浩

沓間の家　静岡県 | 281.20㎡／119.24㎡

建築・設計：髙田昌彦｜施工：一建設｜造園：有賀貴穂（有賀庭園設計室）｜写真：傍島利浩

ツバメアーキテクツ

TSUBAME ARCHITECTS　山道拓人／千葉元生／西川日満里

「今、ここに、どんな空間をつくるべきなのか」その前提から共に考え、設計活動を行う建築設計事務所です。空間の設計をする「DESIGN」と、空間が成立する前の枠組みや完成後の使い方・展開を思考し、研究リサーチを行う「LAB」の2部門を掲げて活動を行っています。

上池台の住宅　東京都 | 55.54㎡／77.5㎡

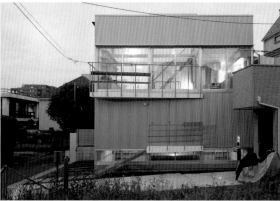

建築・設計：ツバメアーキテクツ｜施工：山菱工務店｜造園：en景観設計｜写真：中村 絵

134

〒162-0851 東京都新宿区弁天町178-4大山ビル5F

TEL 03-6274-8551

info@tbma.jp

tbma.jp

■ House　　■ Shop　　■ Public

■ Furniture　■ Product　■ Renovation

■ Exhibition　■ Office　　■ Interior

■ Graphic　　■ Other

room&house　東京都 | 33.65㎡／72㎡

建築・設計：ツバメアーキテクツ | 施工：広橋工務店 | 造園：en景観設計 | 写真：中村 絵

神戸のアトリエ付き住居　兵庫県 | 114.22㎡／159.09㎡

建築・設計：ツバメアーキテクツ | 施工：コハツ | 造園：en景観設計 | 写真：中村 絵

天窓の町家　長野県 | 188.42㎡／105.03㎡

建築・設計：ツバメアーキテクツ | 施工：野田建設 | 写真：中村 絵／TSUBAME ARCHITECTS

都留理子建築設計スタジオ
rico turu architects studio　都留理子

1971年福岡県出身。九州大学工学部建築学科卒。設計事務所勤務を経て、1998年都留理子建築設計スタジオを設立。住むことの歓びを最大化する方法を模索し、建築として実現させることに力を注ぎます。そのために、徹底的な検証を行います。そして、のびやかさ、開放感、青空の美しさ、人と人の快適な距離感、といった建築にできる「嬉しいこと」を実現させていきます。

世田谷S　東京都 | 72.65㎡／98.81㎡

建築・設計：都留理子 | 施工：スリーエフ | 写真：淺川 敏

TEL 044-272-6932
info1@ricot.com
http://www.ricot.com/

■ House　■ Shop　■ Public
■ Furniture　■ Product　■ Renovation
□ Exhibition　■ Office　■ Interior
□ Graphic　□ Other

港北O　神奈川県 | 196.17㎡／154.76㎡

建築・設計：都留理子 | 施工：大同工業 | 写真：淺川 敏

下作延K　神奈川県 | 65.1㎡／133.21㎡

建築・設計：都留理子 | 施工：関崎工務店 | 写真：奥村浩司

デザインライフ設計室
DESIGN LIFE STUDIO CO.,LTD　青木律典

「暮らしをみつめ、住まいをつくる。」クライアントの暮らしを見つめながら、ライフスタイルに合わせた家づくりを行うことで
居心地がよく整えやすい住まい、美しく情緒的な住まいをつくることを心がけています。

鶴川の連窓住宅　神奈川県 | 86.12㎡／69.97㎡

建築・設計：青木律典 | 施工：幹建設 | 構造設計：髙見澤孝志（ハジゴタカ建築設計事務所） | 写真：中村 晃

〒195-0062 東京都町田市大蔵町2038-21

TEL 042-860-2945

FAX 042-860-2946

info@designlifestudio.jp

https://www.designlifestudio.jp

■ House　　■ Shop　　□ Public

■ Furniture　■ Product　■ Renovation

□ Exhibition　■ Office　　■ Interior

□ Graphic　　□ Other

小平の住宅　東京都 | 122.49㎡／85.79㎡

建築・設計:青木律典 | 施工:幹建設 | 造園:栗田信三（彩苑）| 構造設計:髙見澤孝志（ハジゴタカ建築設計事務所）| 写真:中村 晃

戸塚の住居　神奈川県 | 138.96㎡／111.05㎡

建築・設計:青木律典 | 施工:幹建設 | 構造設計:贄田泰然（ニエダアトリエ）| 写真:花岡慎一

TENHACHI ARCHITECT & INTERIOR DESIGN

佐々木倫子／佐藤 圭

佐々木倫子：1980年宮城県生まれ。2007年早稲田大学大学院理工学部建築学専攻科修了。2008-2016年株式会社隈研吾建築
都市設計事務所。佐藤 圭：1976年千葉県生まれ。1999年日本大学理工学部建築学科卒。IDÉEなどを経て2014年から東洋大学
ライフデザイン学部人間環境デザイン学科非常勤講師。2015年、佐々木・佐藤の二人でTENHACHI一級建築士事務所設立。

MILK CARTON HOUSE　東京都 | 43.89㎡／51.69㎡

建築・設計・インテリアデザイン：佐々木倫子 | 施工：富士ソーラーハウス | 構造設計：田中哲也建築構造計画 | 写真：Akihide MISHIMA

contact@ten-hachi.me
www.ten-hachi.com

■ House ■ Shop ■ Public
■ Furniture ■ Product ■ Renovation
■ Exhibition ■ Office ■ Interior
□ Graphic ■ Other

IDUMI 東京都 | 105.04㎡／195.495㎡

建築・設計・インテリアデザイン：佐々木倫子｜施工：髙木雄一（小川建設）｜造園：LANDSCAPE HOUSE｜構造設計：江尻憲泰／岩野太一（江尻建築構造設計事務所）｜写真：千葉顕弥

IKEJIRI O HOUSE 東京都 | 専有面積 61㎡

建築・設計・インテリアデザイン：佐々木倫子／佐藤 圭｜施工：シームレス｜写真：Akihide MISHIMA

とのま一級建築士事務所
tonoma architect office　河田 剛

昨今の多様化する家族一人一人の要望に真摯に応え、郊外や都市部問わず、どのような敷地環境においても、周囲のプライバシーに配慮しながらも、光と風を取り込んだ気持ちの良い住まいづくりに取り組んでいます。

Tの住宅　兵庫県 | 340.48㎡／112.02㎡

建築・設計：河田 剛 | 施工：コハツ | 写真：tonoma

〒530-0047 大阪府大阪市北区西天満4-1-8 とのまビル2階

TEL 06-6362-3177

FAX 06-6362-3177

info@tonoma.net

www.tonoma.net

■ House　　□ Shop　　□ Public

□ Furniture　□ Product　■ Renovation

□ Exhibition　□ Office　　□ Interior

□ Graphic　　□ Other

町家と住宅　兵庫県 | 99.46㎡／124.19㎡

建築・設計:河田 剛 | 施工:松島建築 | 写真:tonoma

高槻の町家　大阪府 | 150.96㎡／113.16㎡

建築・設計:河田 剛 | 施工:マサキ工務店 | 写真:tonoma

とのまビル　大阪府 | 68.72㎡／402.7㎡

建築・設計:河田 剛 | 施工:クロスアート | 造園:植物事務所コカジ | 写真:tonoma

納谷建築設計事務所

NAYA architects　納谷 学／納谷 新

1993年設立。神奈川県川崎市を拠点に、日本全国で多くの物件を手がける。「住宅は建築家のものではなく施主のものである」という考え方に基づき、施主との自由な対話のなかから住宅を生み出すことを大切にしている。

荻窪の住宅　東京都｜263.99㎡／125.55㎡

建築・設計：納谷 学／納谷 新｜施工：江中建設

〒211-0016 神奈川県川崎市中原区市ノ坪127 KYOTOYAビル1F

TEL 044-411-7934

FAX 044-411-7935

kawasaki@naya1993.com

naya1993.com

■ House　　■ Shop　　■ Public

■ Furniture　■ Product　■ Renovation

■ Exhibition　■ Office　　■ Interior

□ Graphic　　■ Other（集合住宅、宿泊施設）

守谷の住宅　茨城県 | 208.06㎡／149.04㎡

建築・設計：納谷 学／納谷 新 | 施工：坂巻兄弟建設

番田の住宅　神奈川県 | 288.5㎡／124.39㎡

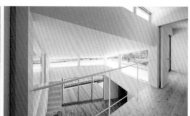

建築・設計：納谷 学／納谷 新 | 施工：石和建設

野辺山の住処　長野県 | 496.01㎡／113.13㎡

建築・設計：納谷 学／納谷 新 | 施工・造園：土橋工務店

no.555一級建築士事務所

number fives architectual design office　土田拓也

1973年福島県生まれ。2005年 no.555一級建築士事務所設立。2014年株式会社 no.555一級建築士事務所改組。
2018年関東学院大学共生デザイン学科非常勤講師。2020年 Please（Landscape・Interiorgreen・Funiture設計・製作事業）設立。
2019年日本建築家協会住宅部会賞会長賞など受賞多数。

NUT　香川県｜323.44㎡／135.06㎡

建築・設計:no.555一級建築士事務所｜施工:ビルド｜造園:施主施工｜写真:吉川直希（dig photograph）

〒231-0000 神奈川県横浜市中区山手町26 BLUFF gatehouse

TEL 045-567-7179

info@number555.com

http//www.number555.com/

■ House　■ Shop　■ Public

□ Furniture　□ Product　■ Renovation

□ Exhibition　□ Office　■ Interior

□ Graphic　□ Other

WWK　長野県｜2,002.66㎡／A棟:124.22㎡ B棟:135.11㎡

建築・設計:no.555一級建築士事務所｜施工:スタジオ・ノーム｜造園:施主施工｜写真:小山俊一（mt.）

NMN　神奈川県｜322.65㎡／106.00㎡

建築・設計:no.555一級建築士事務所｜施工:ジョー・コーポレーション｜造園:施主施工｜写真:小山俊一（mt.）

HSK　東京都｜152.20㎡／128.94㎡

建築・設計:no.555一級建築士事務所｜施工:巧匠建設｜造園:施主施工｜写真:鈴木竜馬

西口賢 建築設計事務所

Ken Nishiguchi Architects　西口 賢

1975年愛知県生まれ。1999年近畿大学理工学部建築学科卒業後、長瀬信博建築研究所を経て、2007年西口賢 建築設計事務所設立。
2018年日本建築士会連合会賞。2019年中部建築賞。

大地の家　愛知県 | 225.97㎡／93.94㎡

建築・設計：西口 賢 | 施工：一色建築 | 造園：西村工芸

〒444-0075 愛知県岡崎市伊賀町字愛宕山27番3
TEL 0564-79-7477
info@knnsgc.com
www.knnsgc.com

■ House　　■ Shop　　■ Public
■ Furniture　□ Product　□ Renovation
■ Exhibition　■ Office　□ Interior
□ Graphic　　□ Other

光洞の家　愛知県 | 147.47㎡／120.05㎡

建築・設計：西口 賢 | 施工：丸中建設 | 造園：西村工芸

寺部の家　愛知県 | 341.24㎡／118.37㎡

建築・設計：西口 賢 | 施工：一色建築 | 造園：西村工芸

ハース建築設計事務所
HEARTH ARCHITECTS　久我義孝

1982年滋賀県生まれ。2016年設立。「人と自然に寄り添う豊かな住まい」を目指して、シンプルかつ機能性の高い空間でありながら、光の陰影や空間の抜け感、五感で感じる豊かな空間を提案する。

栄の家　滋賀県 | 222.65㎡／120.63㎡

建築・設計：久我義孝 | 施工：津田工務店 滋賀 | 造園：eda（エダ）| 写真：山田雄太

〒528-0015 滋賀県甲賀市水口町松栄2-4

TEL 0748-60-7410

FAX 0748-60-9671

info@hearth-a.com

http://hearth-a.com

■ House　　■ Shop　　□ Public

■ Furniture　□ Product　■ Renovation

□ Exhibition　■ Office　　■ Interior

□ Graphic　　■ Other

草津の家　滋賀県 | 160.41㎡／99.36㎡

建築・設計：久我義孝 | 施工：想武工房 | 造園：eda（エダ）| 写真：山田雄太

彦根の家　滋賀県 | 342.21㎡／183.00㎡

建築・設計：久我義孝 | 施工：スケール | 造園：eda（エダ）| 写真：山田雄太

土山の家　滋賀県 | 1,481.23㎡／125.03㎡

建築・設計：久我義孝 | 施工：ネヌケン | 造園：eda（エダ）| 写真：山田雄太

BAUM
岸名大輔

1983年福井県生まれ。金沢大学工学部土木建設工学科卒業。2015年株式会社BAUM設立。住宅建築を中心にショップ、オフィスなどジャンルを問わず幅広く活動。地域の特性や周辺環境を考慮しつつ、暮らしに寄り添った心地よい住まいの提案を目指している。

H HOUSE　福井県 | 205.54㎡／185.29㎡

建築・設計：岸名大輔 | 施工：岸名製材所 | 写真：明 直樹（Mov）

〒910-0836 福井県福井市大和田2-202 opm206

TEL 0776-97-5924

FAX 0776-97-5934

kishina@baum.jp

http://baum.jp/

■ House　　■ Shop　　■ Public

■ Furniture　　■ Product　　■ Renovation

■ Exhibition　　■ Office　　■ Interior

□ Graphic　　□ Other

M HOUSE　福井県 | 255.97㎡／103.23㎡

建築・設計:岸名大輔 | 施工:岸名製材所 | 写真:明 直樹（Mov）

Ma HOUSE　福井県 | 471.86㎡／217.37㎡

建築・設計:岸名大輔 | 施工:海道建築 | 写真:明 直樹（Mov）

S HOUSE　福井県 | 749.577㎡／138.26㎡

建築・設計:岸名大輔 | 施工:岸名製材所 | 写真:明 直樹（Mov）

畑友洋建築設計事務所

Tomohiro Hata Architect and Associates　畑 友洋

1978年兵庫県生まれ。2001年京都大学工学部建築学科卒業。2003年京都大学大学院工学研究科修了。2003-04年高松伸建築設計事務所勤務。2005年畑友洋建築設計事務所設立。

元斜面の家　兵庫県｜176.54㎡／123.93㎡

建築・設計:畑 友洋｜施工:コハツ｜構造:tmsd｜写真:矢野紀行

〒651-0082 兵庫県神戸市中央区小野浜町1-4 デザイン・クリエイティブセンター神戸#201

TEL 078-599-9035

FAX 078-599-9036

office@hata-archi.com

https://www.hata-archi.com/

■ House　　■ Shop　　■ Public

□ Furniture　□ Product　■ Renovation

■ Exhibition　■ Office　　■ Interior

□ Graphic　　□ Other

御影の家　兵庫県 | 130.87㎡／115.14㎡

建築・設計:畑 友洋 | 施工:一級建築士事務所山本工務店 | 造園:春音 | 構造:tmsd | 写真:矢野紀行

斜条坊の家　京都府 | 140.50㎡／204.14㎡

建築・設計:畑 友洋 | 施工:MI建築工房 | 造園:荻野寿也景観設計 | 構造:tmsd | 写真:矢野紀行

円側の家 兵庫県 | 144.45㎡／159.83㎡

建築・設計:畑 友洋 | 施工:コハツ | 造園:荻野寿也景観設計 | 構造:tmsd | 写真:矢野紀行

舞多聞の家　兵庫県 | 1,076.00㎡／106.92㎡

建築・設計：畑 友洋 | 施工：笹原建設 | 構造：tmsd | 写真：矢野紀行

ハルナツアーキ

harunatsu-arch　村梶招子／村梶直人

村梶招子／村梶直人：手塚建築研究所を経て2011年にハルナツアーキ設立。石川県金沢市を拠点に活動。クライアントの暮らし
方をイメージし、暮らしのシーンを建築に表現したいと考えている。

villa921　沖縄県｜496.02㎡／73.44㎡

建築・設計：村梶招子／村梶直人｜施工：八建実業｜写真：中村 絵

〒920-0965 石川県金沢市長町1-3-12
info@hn-arch.com
hn-arch.com

小立野の高窓　　石川県 | 108.04㎡／96.89㎡

建築・設計：村梶招子／村梶直人 | 施工：二宮建設 | 写真：中村 絵

求院の家　　島根県 | 322.88㎡／68.74㎡

建築・設計：村梶招子／村梶直人 | 施工：石川工務店 | 写真：中村 絵

ピークスタジオ一級建築士事務所

PEAKSTUDIO　藤木俊大／佐屋香織／佐治 卓

藤木俊大、佐屋香織、佐治卓の山好きの3人が主宰する設計事務所。住宅から、商業、保育・福祉施設など全国各地でのプロジェクトを手がける一方、拠点を置く川崎では、地域の人たちと交流を持ちながらのまちづくりにも関わっている。

飯塚の平屋　福岡県｜534㎡／142㎡

建築・設計：藤木俊大／佐屋香織／佐治 卓｜施工：丸源産業｜構造設計：三原悠子（Graph Studio）｜写真：田中克昌

〒211-0045 神奈川県川崎市中原区上新城1-4-50

TEL 044-820-6115

info@peak-studio.net

peak-studio.net

■ House　　■ Shop　　■ Public

■ Furniture　■ Product　■ Renovation

■ Exhibition　■ Office　　■ Interior

■ Graphic　　■ Other

月見山の住宅　広島県｜117㎡／107㎡

建築・設計：藤木俊大／佐屋香織／佐治 卓｜施工：エコデザイン工房｜構造設計：三原悠子（Graph Studio）

出窓の住宅　兵庫県｜114㎡／91㎡

建築・設計：藤木俊大／佐屋香織／佐治 卓｜施工：伊田工務店｜プロデュース：廣岡大亮（W Inc.）｜構造設計：三原悠子（Graph Studio）｜協力：下川美代子（旭化成ホームズ）｜写真：田中克昌

六甲の住宅　兵庫県｜119㎡／111㎡

建築・設計：藤木俊大／佐屋香織／佐治 卓｜施工：伊田工務店｜プロデュース：廣岡大亮（W Inc.）｜構造設計：三原悠子（Graph Studio）｜コーチング：村上 卓｜写真：田中克昌

BE-FUN DESIGN
ビーフンデザイン　進藤 強

1973年兵庫県生まれ。1996年京都精華大学美術学部デザイン学科建築専攻卒業。1998-2002年アーキテクトン。2001年ビーフ
ンデザイン共同設立。2004-2007年 Boo-Hoo-Woo.com。2008年 -（株）ビーフンデザイン一級建築士事務所設立。

A-HOUSE　東京都 | 214.08㎡／188.60㎡

建築・設計：進藤 強／中野友貴 | 施工：環境クリエイト | インテリアデザイン：ひだまり不動産 | 写真：平井広行

〒151-0053 東京都渋谷区代々木5-65-4

TEL 03-6423-2980

FAX 03-6423-2981

info@be-fun.com

be-fun.com

■ House　■ Shop　□ Public

□ Furniture　□ Product　■ Renovation

□ Exhibition　□ Office　□ Interior

□ Graphic　■ Other

TBN　東京都 ｜ 53.49㎡／123.12㎡

建築・設計：進藤 強／中野友貴 ｜ 施工：Pack Rat Works ｜ 写真：平井広行

Green Terrace　東京都 ｜ 148.14㎡／145.25㎡

建築・設計：進藤 強／松本悠介（松本悠介建築設計事務所） ｜ 施工：ジーエスビルド ｜ 写真：平井広行

RK_FLAT　東京都 ｜ 211.75㎡／201.49㎡

建築・設計：進藤 強／松本悠介（松本悠介建築設計事務所）／中野友貴 ｜ 施工：ジーエスビルド ｜ 造園：Burikinozyoro ｜ 写真：平井広行

ヒャッカ

Hyakka　丸山晴之

1971年愛知県生まれ。株式会社ヒャッカ代表取締役、仁愛女子短期大学、福井工業大学、福井大学非常勤講師。グッドデザイン賞、日本建築士会連合会賞、日事連建築賞、中部建築賞、他。様々なモノやコトづくりを通して、社会が潤う価値を生み出している。

「林の中に住む。」　福井県 | 413.98㎡／128.62㎡

建築・設計：丸山晴之 | 施工：名津井建設 | 写真：明 直樹

〒910-0049 福井県福井市高木町52-1

TEL 0776-97-5710

info@mrhr.jp

https://mrhr.jp/

■ House   ■ Shop   ■ Public

■ Furniture   ■ Product   ■ Renovation

☐ Exhibition   ■ Office   ■ Interior

☐ Graphic   ☐ Other

街中の回折　福井県 | 160.22㎡／119.17㎡

建築・設計：丸山晴之 | 施工：松栄建設 | 写真：Takano Tomomi

ミサキハウス　石川県 | 202.92㎡／129.45㎡

建築・設計：丸山晴之 | 施工：カズクリエイトオフィス | 写真：明 直樹

村国の切通し　福井県 | 388.68㎡／148.88㎡

建築・設計：丸山晴之 | 施工：木だて家 | 写真：明 直樹

平野公平建築設計事務所

Kohei Hirano Architects　平野公平

1979年鹿児島県生まれ。2010年に平野公平建築設計事務所を設立し、福岡を拠点に設計活動を行う。場所と住み手に応える個性、時がたっても色褪せない普遍性の両方を持った建築をつくりたいと考えている。

隼人の家　鹿児島県 | 263.90㎡／89.43㎡

建築・設計：平野公平建築設計事務所 | 施工：住まいず | 構造設計：黒岩構造設計事ム所 | 写真：針金洋介

〒810-0074 福岡県福岡市中央区大手門1-9-1 第3IRBLD. 213

TEL 092-406-5972

FAX 092-406-5973

www.hira-ar.jp

■ House　■ Shop　■ Public

■ Furniture　■ Product　■ Renovation

■ Exhibition　■ Office　■ Interior

□ Graphic　□ Other

田上台の家　鹿児島県 | 166.30㎡／119.24㎡

建築・設計：平野公平建築設計事務所 ｜ 施工：ホーミング ｜ 構造設計：新村設計 ｜ 写真：針金洋介

HOUSE T　福岡県 | 108.09㎡／107.23㎡

建築・設計：平野公平建築設計事務所 ｜ 施工：藤匠住宅 ｜ 構造設計：黒岩構造設計事ム所 ｜ 写真：針金洋介

太宰府の家　福岡県 | 191.81㎡／112.62㎡

建築・設計：平野公平建築設計事務所 ｜ 施工：筑羽工務店 ｜ 構造設計：黒岩構造設計事ム所 ｜ 写真：針金洋介

藤原・室 建築設計事務所

FujiwaraMuro Architects　藤原愼太郎／室 喜夫

過ごす人の真の望みを形にして、おもしろい空間をつくりたい。建築によって、日々の景色は変わる。生活はきっと楽しくなる。20年近く実例を積みかさね、その確信は日に日に増していく。

松原のガレージハウス　大阪府｜116.57㎡／122.40㎡

建築・設計：藤原愼太郎／室 喜夫｜写真：矢野紀行

〒543-0012 大阪府大阪市天王寺区空堀町7-4

TEL 06-6761-5577

fujiwaramuro@aplan.jp

aplan.jp

■ House　　■ Shop　　■ Public

■ Furniture　■ Product　■ Renovation

■ Exhibition　■ Office　　■ Interior

☐ Graphic　　■ Other

向日の家　京都府 | 100.1㎡／100.1㎡

建築・設計：藤原愼太郎／室 喜夫 | 写真：矢野紀行

石切りの家　大阪府 | 183.63㎡／158.57㎡

建築・設計：藤原愼太郎／室 喜夫 | 写真：矢野紀行

豊中の家　大阪府 | 95.60㎡／107.62㎡

建築・設計：藤原愼太郎／室 喜夫 | 写真：平桂弥（studioREM）

＋0一級建築士事務所

PLUSZERO ARCHITECT　佐藤 森

1973年神奈川県生まれ。1996年早稲田大学理工学部建築学科卒業。1998年同大学大学院修士課程修了。2000年アーツ&クラフツ建築研究所。2008年＋0一級建築士事務所設立。

クラスター・ハウス　神奈川県｜111.49㎡／108.33㎡

建築・設計：佐藤 森｜施工：中里建設

〒151-0071 東京都渋谷区本町6-21-1 チャイルドビルB1F

TEL 03-5309-2982

FAX 03-5309-2983

architect@pluszero.info

pluszero.info

■ House　　■ Shop　　■ Public

■ Furniture　■ Product　■ Renovation

■ Exhibition　■ Office　　■ Interior

■ Graphic　　■ Other

王子の家　東京都 | 73.07㎡／74.66㎡

建築・設計：佐藤 森 | 施工：コバ建設

CASA ESPIRAL（カーサ・エスピラール）　兵庫県 | 105.93㎡／270.83㎡

建築・設計：佐藤 森 | 施工：クサカ建設 | 構造設計：佐藤岳人（TS構造設計）

鶴ヶ峰の家　神奈川県 | 69.33㎡／100.24㎡

  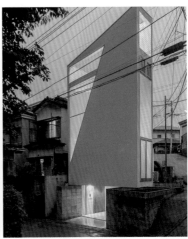

建築・設計：佐藤 森 | 施工：吉野建設 | 構造設計：向後章夫

古森弘一建築設計事務所

FURUMORI KOICHI ARCHITECTURAL DESIGN STUDIO　古森弘一

福岡県北九州市を拠点とし、現在、住宅、医療施設、宗教施設、公共施設、教育施設など様々なビルディングタイプのプロジェクトを手がけています。温暖な気候である九州だからこそできる、豊かな建築を目指しています。

方眼の間　福岡県｜673.49㎡／232.69㎡

建築・設計：古森弘一／橋迫弘平／穴井健一｜施工：山下建設｜造園：浦田庭園設計事務所｜写真：大森今日子

〒802-0001 福岡県北九州市小倉北区浅野2-6-16 3F

TEL 093-967-0123

FAX 093-967-0124

infoarch@furumori.net

furumori.net

■ House　　■ Shop　　■ Public

□ Furniture　□ Product　□ Renovation

□ Exhibition　■ Office　□ Interior

□ Graphic　　□ Other

もじのどま　福岡県 | 288.16㎡／143.34㎡

建築・設計：古森弘一／橋迫弘平／草場雄一朗 | 施工：山下建設 | 造園：九州造園 | 写真：大森今日子

かなたけのやね　福岡県 | 422.53㎡／83.99㎡

建築・設計：古森弘一／橋迫弘平／奥井 睦 | 施工：山下建設 | 写真：大森今日子

とばたの家　福岡県 | 110.36㎡／127.38㎡

建築・設計：古森弘一／橋迫弘平／白濱有紀 | 施工：山下建設 | 造園：田代造園 | 写真：大森今日子

古谷デザイン建築設計事務所
FURUYA DESIGN ARCHITECT OFFICE　古谷俊一

グリーンを主軸に住宅や商業施設の建築設計監理、インテリアデザインおよびランドスケープデザイン、外構設計施工管理を行う。
代表作に「東京クラシック 森のクラブハウス、馬主クラブ棟」「深大寺ガーデン」など。第2回空間デザイン賞大賞、日本設計学会賞
など受賞多数。

インターバルハウス　東京都 | 168.48㎡／142.05㎡

建築・設計・インテリアデザイン：古谷俊一｜施工：トラスト｜造園：古谷デザイン／大網ガーデン｜写真：山内紀人

〒152-0003 東京都目黒区碑文谷3-1-1 LiveonHIMONYA 2F-D

TEL 03-6452-2623

FAX 03-6452-2624

info@furuyadesign.com

www.furuyadesign.com

■ House ■ Shop ■ Public

■ Furniture □ Product ■ Renovation

■ Exhibition ■ Office ■ Interior

■ Graphic ■ Other

運ぶ家　東京都 | 105.64㎡／142.88㎡

建築・設計・インテリアデザイン：古谷俊一 | 施工：トラスト | 造園：古谷デザイン／大綱ガーデン | 写真：鈴木拓也

切通しの家　東京都 | 177.08㎡／139.5㎡

建築・設計・インテリアデザイン：古谷俊一 | 施工：山田建設 | 造園：古谷デザイン／大綱ガーデン | 写真：永石秀彦

巡る家　東京都 | 84.29㎡／133.45㎡

建築・設計・インテリアデザイン：古谷俊一 | 施工：山田建設 | 造園：古谷デザイン／大綱ガーデン | 写真：鈴木拓也

ポーラスターデザイン一級建築士事務所

polarstardesign architect office　長澤 徹

ふつうにふつうの建築をつくれる事を目指しています。今日もふつうの質を少しだけ高めて、明日にはそれがふつうになるよう、日々
努力し仕事に取り組んでいます。

castor　栃木県｜200.05㎡／131.12㎡

建築・設計：長澤 徹｜施工：佐藤孝明（佐藤材木店）｜造園：長谷川隆明（装景NOLA）｜照明：高木英敏（大光電機）｜写真：藤本一貴

TEL 090-6184-2771
polarstardesign@gmail.com
www.polarstardesign.com

■ House　　■ Shop　　□ Public

■ Furniture　■ Product　■ Renovation

■ Exhibition　■ Office　　■ Interior

■ Graphic　　□ Other

algedi　栃木県 | 239.01㎡／88.19㎡

建築・設計：長澤 徹 | 施工：見目裕明（佐藤材木店） | 造園：長谷川隆明（装景NOLA） | 照明：高木英敏（大光電機） | 写真：藤本一貴

elnath　埼玉県 | 129.85㎡／104.53㎡

建築・設計：長澤 徹 | 施工：金子泰久（堀尾建設） | 造園：長谷川隆明（装景NOLA） | 照明：高木英敏（大光電機） | 写真：藤本一貴

polaris　埼玉県 | 240.65㎡／126.75㎡

建築・設計：長澤 徹 | 施工：篠宮 亮（篠宮工務店） | 造園：長谷川隆明（装景NOLA） | 照明：高木英敏（大光電機） | 写真：藤本一貴

保坂猛建築都市設計事務所

TAKESHI HOSAKA ARCHITECTS　保坂 猛

1975年生まれ。横浜国立大学大学院在学中から設計活動を開始。保坂猛建築都市設計事務所代表・早稲田大学芸術学校准教授。2013年日本建築家協会新人賞受賞、国内外で多数の受賞歴の他、チェコにて展覧会やヨーロッパ各地での講演会、フランスで行われたJapannessのポスターに「ほうとう不動」が採用されるなど多岐にわたって活躍中。

写真：TheeNed's

名古屋のコートハウス　愛知県｜470.60㎡／233.84㎡

建築・設計・インテリアデザイン：保坂 猛｜施工：服部工務店｜造園計画：保坂猛建築都市設計事務所｜構造：名和研二（NAWAKENJI-M）｜写真：ナカサアンドパートナーズ

〒162-0801 東京都新宿区山吹町358小磯大竹ビル202

TEL 03-5946-8909

info@hosakatakeshi.com

www.hosakatakeshi.com

■ House　　■ Shop　　■ Public

■ Furniture　■ Product　■ Renovation

■ Exhibition　■ Office　　■ Interior

■ Graphic　　■ Other

バルコニーハウス　東京都 | 76.52㎡／72.99㎡

建築・設計・インテリアデザイン：保坂 猛 | 施工：航洋建設 | 造園：保坂猛建築都市設計事務所 | 構造：名和研二（NAWAKENJI-M）| 写真：ナカサアンドパートナーズ

PUT POT HOUSE　千葉県 | 113.4㎡／61.83㎡

建築・設計・インテリアデザイン：保坂 猛 | 施工：航洋建設 | 構造：名和研二（NAWAKENJI-M）| ダイニングテーブル：樽川 満（イデアウッドクラフト）| 写真：DAISUKE SHIMA（adhoc Inc.）

LOVE2 HOUSE　東京都 | 31.43㎡／18.84㎡

建築・設計・インテリアデザイン：保坂 猛 | 施工：TH-1 | インテリアデザイン：保坂 恵 | 造園：保坂猛建築都市設計事務所 | 構造：名和研二（NAWAKENJI-M）| 写真：ナカサアンドパートナーズ

Buttondesign
ボタンデザイン　菊田康平／村上 譲

2014年に菊田康平と村上譲の共同主宰で設立。住宅から商業施設やオフィス、そこで使われる家具や金物まで幅広くデザインを手がけている。

白鷺の家　東京都 | 107.47㎡／99.20㎡

建築・設計：Buttondesign | 施工：KICHI & Associates | 造園：草鞋植栽設計事務所 | 写真：淺川 敏

〒162-0041 東京都新宿区早稲田鶴巻町561市村ビル103

TEL 03-6205-6805

info@buttondesign.net

www.buttondesign.net

■ House　　■ Shop　　□ Public

■ Furniture　□ Product　■ Renovation

□ Exhibition　■ Office　　■ Interior

□ Graphic　　□ Other

四街道の家　千葉県 | 300.19㎡／92.61㎡

建築・設計：Buttondesign｜施工：かしの木建設｜造園：en landscape design｜写真：淺川 敏

朝霧高原の家　静岡県 | 1,164.86㎡／139.12㎡

建築・設計：Buttondesign｜施工：E-house｜写真：淺川 敏

南青山アパートメント　東京都 | ―／155.57㎡

建築・設計：Buttondesign｜施工：&S｜写真：大瀧 格

Horibe Associates co., ltd.

堀部直子／堀部圭一　naoko horibe／keiichi horibe

大阪を拠点とし、住宅・オフィス・賃貸物件・児童福祉施設などのデザイン・設計監理を行う。「機能的でシンプル」を
コンセプトに、永く愛される普遍的なデザインの建築が特徴。

杉江の家　滋賀県 | 367.21㎡／116.24㎡

建築・設計・インテリアデザイン：Horibe Associates | 施工：大兼工務店 | 写真：笹倉洋平

〒569-1144 大阪府高槻市大畑町16-12 HAビル 2F

TEL 072-691-8075

info@horibeassociates.com

https://horibeassociates.com

■ House　　□ Shop　　■ Public

□ Furniture　　□ Product　　□ Renovation

□ Exhibition　　■ Office　　■ Interior

□ Graphic　　□ Other

東住吉の家　　大阪府｜115.34㎡／158.96㎡

建築・設計・インテリアデザイン：Horibe Associates｜施工：創建｜写真：笹倉洋平

紀の川の家　　和歌山県｜299.99㎡／129.19㎡

建築・設計・インテリアデザイン：Horibe Associates｜施工：ASJ和歌山スタジオ（城善建設）｜写真：今西浩文

川越のガレージハウス　　三重県｜204.55㎡／151.32㎡

建築・設計・インテリアデザイン：Horibe Associates｜施工：大藤工務店｜写真：笹倉洋平

MOUNT FUJI ARCHITECTS STUDIO

マウントフジアーキテクツスタジオ一級建築士事務所　原田真宏／原田麻魚

2004年に原田真宏と原田麻魚によって設立された設計事務所。代表作に［XXXX］［M3/Kg］［Tree house］［Shore House］［Seto］［Plus］［LogH］［知立の寺子屋］［道の駅ましこ］［半島の家］［LIAMFUJI］［ROOFLAG］など。2018年 JIA日本建築大賞、2020年日本建築学会賞、その他国内外での受賞多数。

Tree House　東京都 | 162.69㎡／80.45㎡

建築・設計：原田真宏／原田麻魚／石井尚人（元所員）／加藤渓一（元所員）｜施工：伸栄（小野寺正秀）｜構造設計：佐藤淳構造設計事務所（佐藤 淳）｜写真：鈴木研一

〒151-0053 東京都渋谷区代々木5-59-5 清水代々木ビル2F

TEL 03-5738-1800

FAX 03-5738-1801

info@fuji-studio.jp

http://fuji-studio.jp

■ House   ■ Shop   ■ Public

■ Furniture   ■ Product   ■ Renovation

■ Exhibition   ■ Office   ■ Interior

□ Graphic   ■ Other

LogH 東京都 | 85.07㎡／97.27㎡

建築・設計:原田真宏／原田麻魚／柿木佑介（元所員） | 施工:TH-1（渡邊幸治） | 構造設計:佐藤淳構造設計事務所（佐藤 淳／井上健一） | 写真:ナカサアンドパートナーズ

おおきな家 M3/KG 東京都 | 177.27㎡／259.72㎡

建築・設計:原田真宏／原田麻魚 | 造園:智沙屋造園（岡田正昭） | 構造設計:佐藤淳構造設計事務所（佐藤 淳／坪井宏嗣） | 写真:新 良太

松山建築設計室

Matsuyama Architect and Associates　松山将勝

福岡を拠点に全国各地でさまざまなプロジェクトを手がけている設計集団。
1997年設立以降、20年以上に及ぶ設計活動は住宅や医療施設を中心に手がける規模も多岐にわたる。
特に医療施設の分野において、従来の枠組みを超えた先鋭的な世界を創り出すその手腕は国内外で高く評価されている。

板付の住宅　福岡県 | 324.57㎡／130.00㎡

建築・設計：松山建築設計室 | 施工：時空建築工房 | 写真：ブリッツスタジオ

〒812-0011 福岡県福岡市博多区博多駅前4丁目25-14 ヒロビル8F

TEL 092-433-1128

https://www.matsuyama-a.co.jp/

☑ House ☐ Shop ☐ Public
☐ Furniture ☐ Product ☐ Renovation
☐ Exhibition ☐ Office ☐ Interior
☐ Graphic ☑ Other

藤の倉　福岡県 | 510.28㎡／340.08㎡

建築・設計：松山建築設計室 | 施工：イノウエハウジング | 写真：ブリッツスタジオ

父母の家　鹿児島県 | 1,300.90㎡／184.13㎡

建築・設計：松山建築設計室 | 施工：政建設 | 造園：浦田庭園設計事務所 | 写真：ブリッツスタジオ

MAMM DESIGN
マムデザイン　間田真矢／間田 央

2010年に設立。プロジェクトの持つ背景を丁寧に検討することで、その強みを活かした設計をします。緑や自然の光を最大限採り入れ、その空間に住まう人々の生活を豊かにすることを使命と考えています。

甲斐の家　山梨県 | 646.17㎡／265.48㎡

建築・設計：MAMM DESIGN | 施工：逸見建設 | 構造：オーノJAPAN | 照明：LIGHTDESIGN | 写真：阿野太一

TEL 070-6488-7892
info@mamm-design.com
www.mamm-design.com

■ House   ■ Shop   ■ Public
□ Furniture   □ Product   ■ Renovation
■ Exhibition   ■ Office   ■ Interior
□ Graphic   □ Other

ガーデン／ハウス　東京都 | 165.31㎡／189.41㎡

建築・設計：MAMM DESIGN | 施工：匠陽 | 造園：東京ランドスケープ／季織苑 | 構造：オーノJAPAN | 照明：ライティングM | 写真：太田拓実

相模大野のアパートメント　神奈川県

建築・設計：MAMM DESIGN | 施工：泰進建設 | 照明：LIGHTDESIGN | 写真：太田拓実

ondo　東京都 | 38.09㎡／90.69㎡

建築・設計：MAMM DESIGN | 施工：篠崎工務店 | 造園：季織苑 | 構造：オーノJAPAN | 照明：LIGHTDESIGN | 写真：阿野太一

丸山寛文建築設計事務所

HIROFUMI MARUYAMA ARCHITECT & ATELIER　丸山寛文

1977年大阪府生まれ。2012年丸山寛文建築設計事務所設立。住宅設計を基軸とし、店舗、インテリア、家具などの設計を行う建築設計事務所。

house Y+Y　　大阪府 | 149.90㎡／173.18㎡

建築・設計：丸山寛文 | 施工：岩田建設 | 写真：笹倉洋平

〒530-0043 大阪府大阪市北区天満4丁目11−8 工技研ビル3階

TEL 06-4309-6662

FAX 06-4309-6663

mrym@hirofumimaruyama.com

https://hirofumimaruyama.com

■ House　　■ Shop　　■ Public

■ Furniture　■ Product　■ Renovation

■ Exhibition　■ Office　　■ Interior

□ Graphic　　□ Other

house M　奈良県 | 211.60㎡／119.05㎡

建築・設計：丸山寛文／木島涼也 | 施工：岩田建設 | 写真：笹倉洋平

#1104　大阪府 | −／75.64㎡

建築・設計：丸山寛文 | 施工：丸山寛文建築設計事務所 | 写真：母倉知樹

御手洗龍建築設計事務所

Ryu Mitarai & Associates, Architects 御手洗 龍

東京大学大学院修了。伊東豊雄建築設計事務所勤務後、御手洗龍建築設計事務所設立。現在千葉工業大学、昭和女子大学、法政大学にて非常勤講師。Amazon Japan Office第32回日経ニューオフィス推進賞、埼玉県草加市松原児童センターコンペ最優秀賞など受賞多数。

Stir　東京都 | 74.01㎡／146.57㎡

建築・設計：御手洗 龍 | 施工：イケダ工務店 | 写真：中村 絵

〒153-0062 東京都目黒区三田2-3-20伊藤ビル3階

TEL 03-6874-6593

050-1525-9838

info@ryumitarai.jp

www.ryumitarai.jp

■ House　■ Shop　■ Public

☐ Furniture　☐ Product　■ Renovation

■ Exhibition　■ Office　■ Interior

☐ Graphic　☐ Other

やわらかウォールのある家　東京都 ｜ － ／80.68㎡

建築・設計：御手洗 龍 ｜ 施工：ルーヴィス ｜ テキスタイルデザイン：安東陽子 ｜ 写真：中村 絵

塩谷町の家　栃木県 ｜ － ／103.77㎡

建築・設計：御手洗 龍 ｜ 施工：イケダ工務店 ｜ 写真：中村 絵

oNoff　東京都 ｜ － ／82.85㎡

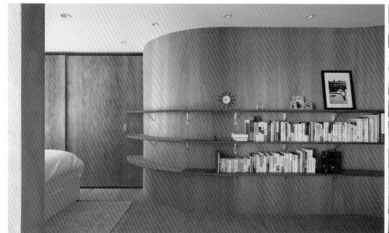

建築・設計：御手洗 龍 ｜ 施工：TANK ｜ 写真：中村 絵

武藤圭太郎建築設計事務所

KEITARO MUTO ARCHITECTS　武藤圭太郎

1979年岐阜県生まれ。2002年明治大学理工学部建築学科卒業。2004年明治大学大学院理工学研究科建築学専攻修了。2010
年武藤圭太郎建築設計事務所設立。大同大学非常勤講師。

HINO1　岐阜県 | 416㎡／162㎡

建築・設計：武藤圭太郎 | 施工：安田建設工業 | 造園：リビングデザイン | 写真：Tololo studio

〒500-8069 岐阜県岐阜市今小町29

TEL 058-215-7272

FAX 058-264-2013

keitaromuto@gmail.com

mut-archi.com

■ House　　■ Shop　　■ Public

□ Furniture　□ Product　■ Renovation

□ Exhibition　■ Office　■ Interior

□ Graphic　　□ Other

GODO　岐阜県 | 369㎡／117㎡

建築・設計：武藤圭太郎 | 施工：誠和建設 | 造園：リビングデザイン | 写真：APERTOZERO

OOSU　愛知県 | 126.61㎡／391㎡

建築・設計：武藤圭太郎 | 施工：千田工務店 | 造園：園三 | 写真：Tololo studio

DAIKO　愛知県 | 161㎡／159㎡

建築・設計：武藤圭太郎 | 施工：松原建築商事 | 写真：Tololo studio

ムトカ建築事務所

MURAYAMA + KATO ARCHITECTURE / mtka　村山 徹／加藤亜矢子

村山 徹と加藤亜矢子により2010年に設立。住宅、リノベーション、ギャラリー、ショップ、展覧会の会場構成、公共建築など幅広く設計を行っている。主な作品に「小山登美夫ギャラリー」「F.I.L. FUKUOKA」「GO-SEES AOYAMA」など。

天井の楕円　東京都 | 110.50㎡／88.36㎡

建築・設計：村山徹／加藤亜矢子 | 施工：エスエス | カーテン：オンデルデリンデ | 写真：長谷川健太／新建築社

〒222-0011 神奈川県横浜市港北区菊名2-18-24-103（スタジオ）・302（オフィス）

TEL 045-642-3377

info@mtka.jp

www.mtka.jp

■ House	■ Shop	■ Public
□ Furniture	□ Product	■ Renovation
■ Exhibition	□ Office	■ Interior
□ Graphic	□ Other	

N邸　神奈川県 | 71.72㎡／78.30㎡

建築・設計：村山徹／加藤亜矢子｜施工：クマイ商店｜写真：新建築社

赤い別邸　大阪府 | 65.48㎡／71.10㎡

建築・設計：村山徹／加藤亜矢子｜施工：神東建設｜写真：市川靖史

ペインターハウス　神奈川県 | 82.65㎡／70.56㎡

建築・設計：村山徹／加藤亜矢子｜施工：ジョー・コーポレーション｜写真：新建築社

モカアーキテクツ
MOCA ARCHITECTS　門間香奈子／古川晋也

門間香奈子と古川晋也による設計事務所です。場所とクライアントによる固有の状況にふさわしい空間、生活、そして社会とのあり方を模索し、形にしていくところから、新しい建築がつくれればと考えています。

houseMM　福島県｜200.26㎡／122.02㎡

建築・設計：門間香奈子＋古川晋也（モカアーキテクツ）｜施工：まなぶ建築所｜写真：中村 絵

〒630-8115 奈良県奈良市大宮町1-4-21-405

TEL 0742-81-7574

info@mocaarchitects.com

www.mocaarchitects.com

■ House　　■ Shop　　■ Public

■ Furniture　■ Product　■ Renovation

■ Exhibition　■ Office　　■ Interior

□ Graphic　　□ Other

houseTA 　東京都｜—／68.50㎡（改修面積42.64㎡）

建築・設計：門間香奈子＋古川晋也（モカアーキテクツ）｜施工：カワケン｜写真：濱田良平

houseTK 　大阪府｜170.62㎡／121.33㎡

建築・設計：門間香奈子＋古川晋也（モカアーキテクツ）｜施工：コハツ｜造園：グリーンスペース｜写真：大竹央祐

houseAA 　奈良県｜106.81㎡／63.63㎡

建築・設計：門間香奈子＋古川晋也（モカアーキテクツ）｜施工：世古工務店｜写真：中村 絵

矢橋徹建築設計事務所
yabashi architects　矢橋 徹

1981年熊本県生まれ。2003年日本文理大学建築学科卒業。2013年矢橋徹建築設計事務所設立。2020年崇城大学非常勤講師。
2019年くまもとアートポリス推進賞選賞。2020年IDAデザインアワード銀賞、くまもと景観賞奨励賞、日本空間デザイン賞銀賞。

池上の家　熊本県｜211.96㎡／86.10㎡

建築・設計：矢橋 徹｜施工：オンサイト｜写真：八代写真事務所

〒860-0017　熊本県熊本市中央区練兵町45早野ビル304

TEL 096-277-1891

FAX 096-277-1892

info@yabashi-aa.com

www.yabashi-aa.com

■ House　　■ Shop　　■ Public

■ Furniture　■ Product　■ Renovation

■ Exhibition　■ Office　　■ Interior

□ Graphic　　■ Other

二多子の家　佐賀県 | 163.14㎡／115.11㎡

建築・設計：矢橋 徹 | 施工：ジョージホーム | 写真：八代写真事務所

豊後高田の家　大分県 | 256.80㎡／99.38㎡

建築・設計：矢橋 徹 | 施工：西日本土木 | 写真：八代写真事務所

山上弘 建築設計事務所

yamagami hiroshi architects　山上 弘

1985年愛知県生まれ。2007年トライデントデザイン専門学校建築インテリア学科卒業。2007-12年建築設計事務所サポーズデザインオフィス勤務を経て、2012年＋岩田知洋＋山上弘建築設計事務所を共同主宰。2020年山上弘建築設計事務所を設立。

篠木の家　愛知県｜604.57㎡／158.38㎡

建築・設計：山上弘 建築設計事務所｜施工：橋本智広（トコロ）｜造園：堀口真吾（縁結）

〒465-0092 愛知県名古屋市名東区社台3-51-1

TEL 080-6924-5693

ymgmhrs@gmail.com

■ House　■ Shop　□ Public

□ Furniture　□ Product　□ Renovation

■ Exhibition　□ Office　■ Interior

□ Graphic　■ Other

社山の家　愛知県 | 224.21㎡／154.07㎡

建築・設計：山上弘 建築設計事務所 | 施工：大日建設

各務原の家　岐阜県 | 202.50㎡／115.17㎡

建築・設計：山上弘 建築設計事務所 | 施工：アシスト

清水のリノベーション　静岡県 | 133.05㎡／127.83㎡

建築・設計：山上弘 建築設計事務所 | 施工：建装

山田誠一建築設計事務所
SEIICHI YAMADA Architect & Associates　山田誠一

1978年静岡県生まれ。2011年山田誠一建築設計事務所設立。

加茂の家　静岡県 | 478.98㎡／107.13㎡

建築・設計：山田誠一 | 施工：山崎工務店 | 造園：庭アトリエ | 金物：金森正起 | 家具：飯沼克起家具製作所 | 写真：山内紀人

〒420-0841 静岡県静岡市葵区上足洗2-2-24-7

TEL 054-295-9895

FAX 054 295-9896

mail@yamada-architect.jp

www.yamada-architect.jp

■ House　　■ Shop　　■ Public

■ Furniture　■ Product　■ Renovation

■ Exhibition　■ Office　　■ Interior

☐ Graphic　　■ Other

三保松原の住宅と店舗　静岡県 | 647.03㎡／127.86㎡

建築・設計：山田誠一｜施工：大栄工業｜造園：庭アトリエ｜金物：金森正起｜家具：飯沼克起家具製作所｜写真：川辺明伸

箱根西麓の家　静岡県 | 647.03㎡／127.86㎡

建築・設計：山田誠一｜施工：大栄工業｜造園：庭アトリエ｜金物：金森正起｜家具：飯沼克起家具製作所｜写真：川辺明伸

富里の家　静岡県 | 107.69㎡／84.17㎡

建築・設計：山田誠一 | 施工：尾崎工務店 | 家具：飯沼克起家具製作所 | 写真：新澤一平

富士南麓の家　静岡県 | 298.05㎡／85.05㎡

建築・設計：山田誠一 | 施工：匠工務店 | 金物：金森正起 | 写真：川辺明伸

UND一級建築士事務所

UND Architects　加藤大作

1979年神奈川県生まれ。東京理科大学工学部第一部建築学科卒業、MDS一級建築士事務所を経て、2015年UND一級建築士事務所設立。2018年東京建築士会 住宅建築賞受賞、2020年日本建築家協会 優秀建築選2020 100選。2020年より東京工芸大学非常勤講師着任。

谷陰の光　千葉県 | 85.88㎡／80.72㎡

建築・設計：加藤大作／清水純一 | 施工：仲野工務店 | インテリアデザイン：UND一級建築士事務所 | 造園：青山造園 | 構造設計：坂田涼太郎構造設計事務所
照明設計：チップス | 写真：ナカサアンドパートナーズ

〒113-0021 東京都文京区本駒込3-10-23-1F

TEL 03-5832-9985

FAX 03-5832-9984

contact@und-arch.com

und-arch.com

■ House　　■ Shop　　■ Public

■ Furniture　■ Product　■ Renovation

■ Exhibition　■ Office　　■ Interior

■ Graphic　　■ Other

上大岡の家　神奈川県 | 120.23㎡／87.18㎡

建築・設計:加藤大作 | 施工:栄港建設 | インテリアデザイン:UND一級建築士事務所 | 構造設計:大賀建築構造設計事務所
共同設計（建築・設計,インテリアデザイン,照明設計）:MDS一級建築士事務所 | 写真:ナカサアンドパートナーズ

新百合ヶ丘の家　神奈川県 | 140.14㎡／112.08㎡

建築・設計:加藤大作 | 施工:栄港建設 | インテリアデザイン:UND一級建築士事務所 | 造園:小杉造園 | 構造設計:坂田涼太郎構造設計事務所
照明設計:杉尾篤照明設計事務所 | 写真:ナカサアンドパートナーズ

裕建築計画

uu Architects　浅井裕雄／吉田澄代

浅井裕雄：1964年愛知県生まれ。国分設計を経て㈲裕建築計画を設立。吉田澄代：1983年静岡県生まれ。裕建築計画入社、副代表を務める。2018年 JIA優秀建築賞「工場から家」、第6回 JIA東海住宅建築賞大賞「毛鹿母の家」、LIXILデザインコンテスト銅賞など受賞多数。あなたは何年先まで想像できますか。時間をテーマにした建築を目指します。

溶ける建築　愛知県｜619㎡／133㎡

建築・設計：浅井裕雄／吉田澄代｜施工：ヨシコウ｜その他：山富建設｜写真：トロロスタジオ（谷川ヒロシ）

〒464-0804 愛知県名古屋市千種区東山元町2-43 中部東山荘101

TEL 052-788-7744

https://www.hello-uu.com/

■ House　　■ Shop　　□ Public

□ Furniture　□ Product　■ Renovation

□ Exhibition　■ Office　　□ Interior

□ Graphic　　□ Other

工場に家　愛知県｜269.53㎡／184.81㎡

建築・設計：浅井裕雄／吉田澄代｜施工：ヨシコウ｜写真：フォトニーナ（新名 清）

毛鹿母の家　岐阜県｜－／207.34㎡

建築・設計：浅井裕雄／吉田澄代｜施工：ヨシコウ｜写真：フォトニーナ（新名 清）

米澤隆建築設計事務所
Takashi Yonezawa Architects　米澤 隆

一級建築士。大同大学専任講師。名古屋市景観アドバイザー。名古屋工業大学大学院博士後期課程修了。SDReview2008・2014・2015入選、京都デザイン賞、JCDデザインアワード2012金賞、THE INTERNATIONAL ARCHITECTURE AWARD 2013、日本建築学会作品選集新人賞2015、第14回キッズデザイン賞、グッドデザイン賞2020など受賞多数。

白と黒の家　三重県 | 348.04㎡／108.90㎡

建築・設計：米澤 隆／川口 峻 | 施工：isaji・house company | 構造：藤尾建築構造設計事務所 | 写真：繁田 諭

digoneselfinn@hotmail.com
www.takashiyonezawa.com

■ House　■ Shop　■ Public

□ Furniture　□ Product　■ Renovation

■ Exhibition　■ Office　■ Interior

□ Graphic　□ Other

オハドコの家　静岡県 | 188.29㎡／110.90㎡

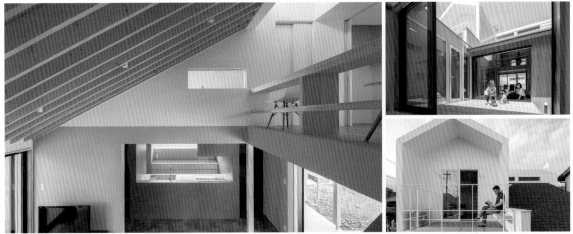

建築・設計：米澤 隆／陣 昂太郎 | 施工：桑高建設 | 構造：藤尾建築構造設計事務所 | 写真：鈴木淳平

海の家、庭の家、太陽の塔　愛知県 | 135.60㎡／66.25㎡

建築・設計：米澤 隆／福島英和 | 施工：サイトウホーム | 造園：植真太田造園 | 構造：藤尾建築構造設計事務所 | 写真：繁田 諭

福田邸　岐阜県 | 181.82㎡／109.10㎡

建築・設計：米澤 隆／川口 峻 | 施工：丸長ホーム | 構造：藤尾建築構造設計事務所 | 写真：繁田 諭

ラブアーキテクチャー一級建築士事務所

LOVE ARCHITECTURE INC.　浅利幸男

質の高い住まいを建築、インテリア、庭までトータルに手がけた豊富な実績があり、多数の国内外メディア掲載や受賞歴があります。プランや機能を満足させることは当然の事だと考えていて、豊かな情緒や美しい佇まいまでデザインします。新築／リノベーション、専用住宅、別荘、賃貸又は店舗併用住宅、ゲストハウス等、日本全国で対応可能です。

三田綱町の家　東京都｜－／248.12㎡

建築・設計・インテリアデザイン：浅利幸男｜施工：桃山建設｜写真：西川公朗

〒156-0051 東京都世田谷区宮坂2-20-14

TEL 03-5844-6830

FAX 03-5844-6831

contact@lovearchitecture.co.jp

www.lovearchitecture.co.jp

■ House　　■ Shop　　■ Public

■ Furniture　□ Product　■ Renovation

■ Exhibition　■ Office　　■ Interior

□ Graphic　　■ Other

本駒込の家　東京都 | 195.00㎡／131.12㎡

建築・設計・インテリアデザイン:浅利幸男 | 施工:秦進建設 | 造園:栗田信三(彩苑) | 写真:西川公朗

八雲の家　東京都 | 132.42㎡／158.30㎡

建築・設計・インテリアデザイン・造園:浅利幸男 | 施工:栄伸建設 | 写真:西川公朗

小金井の家　東京都 | 162.32㎡／126.24㎡

建築・設計・インテリアデザイン・造園:浅利幸男 | 施工:葛工務店 | 写真:斎藤さだむ

リオタデザイン
RIOTADESIGN　関本竜太

1971年埼玉県生まれ。1994年日本大学理工学部建築学科卒業後、1999年までエーディーネットワーク建築研究所。2000年フィンランド・アールト大学に留学。帰国後、2002年にリオタデザイン設立。

パーゴラテラスの家　栃木県 | 141.11㎡／118.86㎡

建築・設計：関本竜太｜施工：COMODO建築工房｜構造：山田憲明｜造園：荻野寿也｜写真：新澤一平

〒353-0004 埼玉県志木市本町6-21-40

TEL 048-471-0260

riota@riotadesign.com

https://www.riotadesign.com/

■ House　□ Shop　□ Public

□ Furniture　□ Product　■ Renovation

□ Exhibition　□ Office　□ Interior

□ Graphic　□ Other

玉川上水の家　東京都 | 110.55㎡／95.92㎡

建築・設計：関本竜太 | 施工：大和工務店 | 造園：小林賢二 | 写真：新澤一平

TR　千葉県 | 143.28㎡／115.15㎡

建築・設計：関本竜太 | 施工：山崎工務店 | 造園：湊眞人 | 写真：新澤一平

y+M design office

吉本英正／三宅正浩

建築デザインは、クライアントのライフスタイルに沿ったものでなければならないと考えています。要望はもちろん、生活や趣味趣向に至る細部まで聞き込み、クライアント自身がまだ気づいていない潜在的な要望を掘り起こし、提案することを心がけています。

Extend House　兵庫県｜164.75㎡／143.60㎡

建築・設計・インテリアデザイン：三宅正浩／佐藤有未（元所員）｜施工：高倉徹也（田中住建［ASJ宝塚スタジオ］）｜造園：三木崇行（甲明産業）｜ディレクター：吉本英正｜写真：笹倉洋平（笹の倉舎）

〒654-0161 兵庫県神戸市須磨区弥栄台3-3-7 林タオルビル1F

TEL 078-891-7616

FAX 078-891-7620

ymdo@feel.ocn.ne.jp

ymdo.net

■ House　■ Shop　■ Public

■ Furniture　□ Product　■ Renovation

□ Exhibition　■ Office　■ Interior

□ Graphic　□ Other

囲の家　大阪府 | 459.32㎡／155.42㎡

建築・設計・インテリアデザイン：三宅正浩／佐藤有未（元所員） | 施工：蓄本員成（池正） | 造園：三木崇行（甲明産業） | ディレクター：吉本英正 | 写真：笹倉洋平（笹の倉舎）

軸組の家　兵庫県 | 59.97㎡／69.06㎡

建築・設計・インテリアデザイン：三宅正浩／上谷佳之（元所員） | 施工：衣川隆博（コハツ） | 造園：三木崇行（甲明産業） | ディレクター：吉本英正 | 写真：笹倉洋平（笹の倉舎）

方杖の家 　島根県 | 474.00㎡／103.24㎡

建築・設計・インテリアデザイン・造園：三宅正浩／上谷佳之（元所員） | 施工：坂根俊昭（坂根住宅） | ディレクター：吉本英正 | 写真：KATZU

コヤトヤネ 香川県 | 425.44㎡／126.22㎡

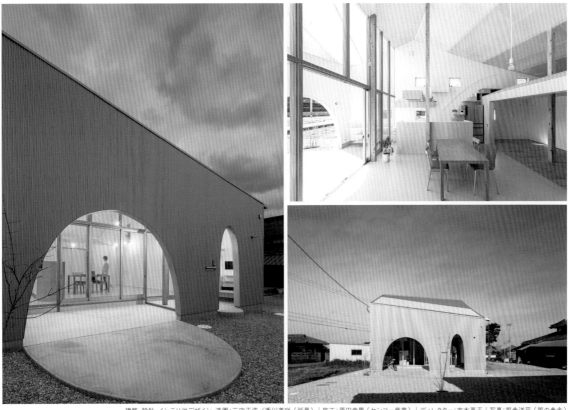

建築・設計・インテリアデザイン・造園：三宅正浩／香川美咲（所員）｜施工：原田幸男（センコー産業）｜ディレクター：吉本英正｜写真：笹倉洋平（笹の倉舎）

若原アトリエ

Atelier Kazuki Wakahara　若原一貴

1971年東京生まれ。1994年日本大学芸術学部卒業、株式会社横河設計工房へ入社。2000年株式会社若原アトリエを設立。
2012年「南沢の小住宅」で「hope&homeアワード」を受賞。2017年「浅草の住宅」で第34回「住まいのリフォームコンクール
優秀賞」を受賞。2019年-日本大学芸術学部准教授。

清瀬の小住宅　東京都｜96.07㎡／76.72㎡

建築・設計：若原一貴／永峰昌治｜施工：木村工業｜写真：中村 絵

〒162-0843 東京都新宿区市谷田町2-20 司ビル302

TEL 03-3269-4423

kazuki@wakahara.com

www.wakahara.com

■ House　　■ Shop　　■ Public

□ Furniture　□ Product　■ Renovation

■ Exhibition　■ Office　　■ Interior

□ Graphic　　□ Other

牛窓の家　岡山県 | 228.58㎡／83.92㎡

建築・設計：若原一貴／藤原昌彦 | 施工：バウムスタイルアーキテクト | 写真：中村 絵

居心地のいい家をつくる
注目の設計士&建築家100人の仕事
100 Notable Designers and Architects: Designing a Cozy Home

2021年 2月11日 初版第1刷発行

カバーデザイン　　村上 雅士・永井 創（㎡ | emuni）
デザイン　　　　　宮崎絵美子
編集協力　　　　　風日舎
編集　　　　　　　高橋かおる

発行人　　　　　三芳寛要
発行元　　　　　株式会社パイ インターナショナル
　　　　　　　　〒170-0005　東京都豊島区南大塚2-32-4
　　　　　　　　TEL 03-3944-3981　FAX 03-5395-4830
　　　　　　　　sales@pie.co.jp

印刷・製本　　　シナノ印刷株式会社